中国供销合作经济发展研究报告
（2022年）

主　编　董晓波　刘　巍
参　编　董晓波　刘　敏　李　想
　　　　刘　巍　韩志勇　韦道菊

中国商业出版社

图书在版编目(CIP)数据

中国供销合作经济发展研究报告.2022年/董晓波,刘巍主编.——北京:中国商业出版社,2022.9
ISBN 978—7—5208—2178—0

Ⅰ.①中… Ⅱ.①董…②刘… Ⅲ.①供销合作社—研究报告—中国—2022 Ⅳ.①F721.2

中国版本图书馆 CIP 数据核字(2022)第 152203 号

责任编辑:李 飞
(策划编辑:蔡 凯)

中国商业出版社出版发行
(www.zgsycb.com 100053 北京广安门内报国寺1号)
总编室:010—63180647 编辑室:010—83114579
发行部:010—83120835/8286
新华书店经销
北京军迪印刷有限责任公司印刷

*

787毫米×1092毫米 16开 12印张 240千字
2022年9月第1版 2022年9月第1次印刷
定价:68.00元

* * *

(如有印装质量问题可更换)

中国供销合作经济发展研究报告(2022年)编委会

主　　任　丁忠明　冯德连
副 主 任　秦立建　方　鸣
委　　员　（以姓氏笔画为序）
　　　　　丁忠明　于志慧　王刚贞　方　鸣
　　　　　冯德连　刘从九　刘　敏　刘　巍
　　　　　李　想　李　浩　张雪东　周万怀
　　　　　秦立建　唐　敏　徐守东　徐冠宇
　　　　　梁后军　董晓波
秘　　书　徐冠宇

编写人员

主　　编　董晓波　刘　巍
参编人员　董晓波　刘　敏　李　想
　　　　　刘　巍　韩志勇　韦道菊

前　言

　　中国供销合作社是我国目前组织体系最完整、网络覆盖面最广、唯一代表我国各类合作社加入国际合作社联盟(ICA)的合作经济组织,在我国经济社会发展的历史上作出了不可磨灭的重要贡献。当前,我国经济社会发展进入了新时代,党中央、国务院高度重视供销合作社的改革和发展。2022年3月25日,中共中央、国务院发布《关于加快建设全国统一大市场的意见》(以下简称《意见》),明确提出"建设全国统一大市场是构建新发展格局的基础支撑和内在要求",供销合作社迎来了新的机遇和挑战。

　　一直以来,供销合作社都在不断探索、创新,不断提升综合服务水平。2015年,中共中央、国务院作出深化供销合作社综合改革的战略部署,并于2015年3月出台了《中共中央国务院关于深化供销合作社综合改革的决定》。2016年4月25日,习近平总书记在安徽凤阳县小岗村主持召开了农村改革座谈会,强调要深化农村改革需要多要素联动,明确指出要推进供销合作社综合改革。2020年9月,中华全国供销合作社第七次代表大会召开之际,习近平总书记又对供销合作社工作作出重要指示,明确指出"供销合作社是党领导下的为农服务的综合性合作经济组织",同时充分肯定供销合作社的历史贡献和近些年来综合改革成效,要求各级党委和政府继续办好供销合作社,为供销合作社未来发展指明了方向。这是推动新时代供销合作社事业发展的行动指南。深化供销合作社综合改革,不仅是我国推进农业现代化建设和实施乡村振兴战略的需要,也是巩固党在农村执政基础的需要,还是实现共同富裕伟大目标的需要,更是推进供销社自身改革和发展的内在需求。发展现代农业,要求供销合作社发挥组织体系完整的优势,积极构建综合性、规模化、可持续的为农服务体系,推进农业产业化经营,提高农民组织化程度;实施乡村振兴战略,要求供销合作社发挥扎根基层的优势,广泛凝聚各类社会资源,大力开展农村社区综合服务,不断提高农民的生产生活质量;"双循环战略"背景下,扩大国内需求,要求供销合作社发挥流通网络覆盖城乡的优势,加快推进新农村现代流通服务网络建设,改善农村消费环境,开拓农村市场,促进城乡经济社会统筹发展。面对新形势,供销合作社如何坚持为农服务宗旨,继续全面深化综合改革,创新我国供销合作社体制机制,进一步激发供销合作社的内生动力和发展活力,提升服务能力,拓展服务领域,打造服务农民生产生活的综合平台,成为党和政府密切联系农民群众的桥梁和纽带,使供销合作社在实施乡村振兴战略中发挥更大的作用,为践行共同富裕这一中国特色社会主义原则贡献力量,是一个亟待认真研究的问题。因此,以习近平新时代中国特色社会主义思想为指导,认真学习习近平对供销合作社工作作出的重要指示精神,系统深入地研究中国特色供销合作社理论、道路、制度和文化,准确及时地反映和宣传我国供销合作社事业取得的成就,针对存在的难点问题,提出切实可行的对策,就显得意义重大。

  安徽财经大学长期得到中华全国供销合作总社支持,密切关注我国供销合作社事业发展。我们有责任搭建产学研协同创新平台,加强合作经济理论研究,培养合作经济人才,宣传合作社文化,弘扬合作精神,凸显我校合作经济办学特色,为中国特色供销合作经济事业发展作出应有的贡献。本报告编写分工如下:第一部分由李想编写,第二、三部分由董晓波编写,第四部分由韩志勇编写,第五部分由韦道菊编写,第六部分由刘敏编写,第七部分由刘巍编写,最后由董晓波、刘敏、刘巍统稿。研究生张曜、李粒丹等做了大量优秀的助研工作。在本报告编写过程中,得到了安徽财经大学分管领导和学校科研处领导的大力支持和帮助,在此一并表示感谢。

安徽财经大学　董晓波
2022 年 8 月

目　录

第一部分　全国供销合作社发展现状、问题与对策 …………… (1)
　一、全国供销合作社发展现状分析 ……………………………… (1)
　二、全国供销合作社改革发展中存在的主要问题 ……………… (21)
　三、加快全国供销合作社改革发展的对策建议 ………………… (24)

第二部分　全国供销合作社基层社建设与服务乡村振兴专题研究 …… (29)
　一、供销合作社基层社建设的主要目标、指导思想和重点任务 … (29)
　二、全面推进乡村振兴加快农业农村现代化的重点任务 ……… (32)
　三、供销合作社在实施乡村振兴战略中的独特作用分析 ……… (42)

第三部分　全国供销合作社土地托管专题研究 ………………… (48)
　一、改革开放以来中国土地托管政策梳理 ……………………… (48)
　二、全国供销合作社土地托管发展概况 ………………………… (54)
　三、土地托管服务中存在的问题 ………………………………… (60)
　四、供销合作社开展土地托管服务建议 ………………………… (63)
　五、供销合作社土地托管典型案例 ……………………………… (69)

第四部分　全国供销合作社社有资产监督管理专题研究 ……… (74)
　一、社有资产的来源、性质和监管主体 ………………………… (74)
　二、基于激励相容理论的社有资产监管模式框架 ……………… (75)
　三、供销合作社社有资产与国有资产监管的比较研究 ………… (83)
　四、供销合作社社有企业资产监督管理研究 …………………… (88)
　五、供销合作社社有资产监督管理存在的问题 ………………… (94)
　六、完善供销合作社社有资产监管的对策建议 ………………… (97)

第五部分　全国供销合作社社有企业发展专题研究 …………… (107)
　一、全国供销合作社系统社有企业概况 ………………………… (107)

目 录

  二、社有企业发展成效 …………………………………………… (110)
  三、供销系统社有企业发展困境 ………………………………… (113)
  四、全国供销合作社社有企业发展的对策建议 ………………… (117)
  五、深化社有企业改革，加快推进社有企业提质增效 ………… (126)
  六、社有企业发展典型案例 ……………………………………… (133)

第六部分　供销合作社农产品电商专题研究 ……………………… (140)
  一、中央一号文件中的农产品电商 ……………………………… (140)
  二、供销合作社发展农产品电商的主要任务 …………………… (144)
  三、全国供销合作社电子商务平台建设 ………………………… (146)
  四、县域供销合作社电子商务建设 ……………………………… (147)
  五、供销合作社农产品电商发展面临的问题 …………………… (156)
  六、供销合作社发展农产品电商的建议 ………………………… (158)

第七部分　学习习近平总书记作出的重要指示精神 …………… (161)
  一、习近平总书记对供销合作社的相关批示的内容 …………… (162)
  二、习近平总书记对供销合作社的相关批示的解读 …………… (165)
  三、习近平总书记对供销合作社的相关批示的实践 …………… (175)

参考文献 ………………………………………………………………… (179)

第一部分　全国供销合作社发展现状、问题与对策

一、全国供销合作社发展现状分析

（一）全系统销售总额不断提高

2006—2021年，供销合作社全系统综合实力不断增强，服务能力持续提高，发展质量稳步提升，实现销售总额6.26万亿元，同比增长18.9%。综合2021年以来的数据可以发现，全系统的年销售总额已连续三年保持增长，并达到历史新高（见图1）。

全系统持续深化综合改革，坚持以综合改革统揽全局，供销合作社印发《2021年深化供销合作社综合改革重点工作任务书》，围绕密切联合社层级联系、深化社有企业改革、推进薄弱基层社改造等12项重点任务，确定责任单位和完成时限，除个别任务受特殊原因影响外，其余均已基本完成。同时，争取政策支持，推动"深化供销合作社综合改革"纳入国家"十四五"规划、"供销合作社参与促进村级集体经济发展试点"纳入全国农村改革试验任务。《乡村振兴促进法》将各级政府应当深化供销合作社综合改革单列一条，提出明确要求。

第一部分　全国供销合作社发展现状、问题与对策

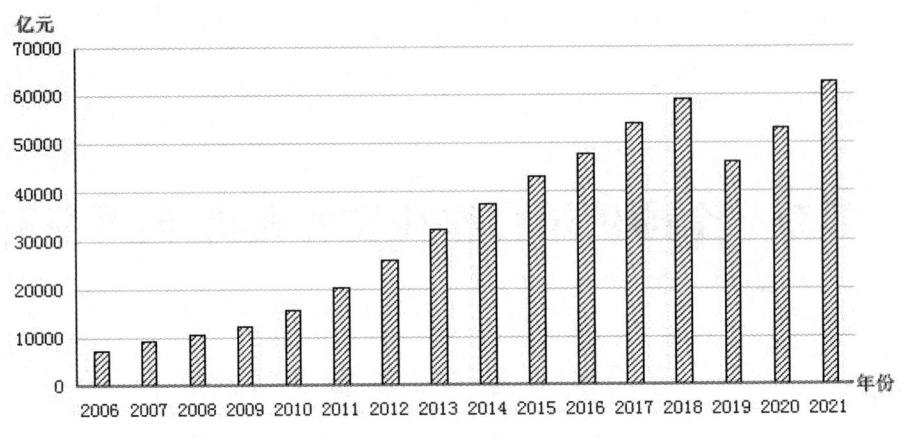

图1　2006—2021年全系统销售总额

(二)积极服务全面推进乡村振兴

全系统立足全面推进乡村振兴历史新阶段，创新服务方式，提升服务能力，为农业农村经济持续向好作出了新贡献。在助力巩固拓展脱贫攻坚成果同乡村振兴有效衔接方面，供销合作社牵头举办2021年脱贫地区农副产品产销对接会，2021年"832平台"交易额达115亿元，召开巩固拓展脱贫攻坚成果同乡村振兴有效衔接现场会，建立供销合作社系统对口援疆援藏工作机制，举办援藏工作座谈会和专题培训班。2021年，全系统从脱贫地区购进农产品交易额3310.6亿元。同时，全力做好农资保供稳价，引导主要农资品种价格回归合理水平。

在大力提升流通服务网络功能方面，供销合作社实施"县域流通服务网络建设提升行动"，出台供销合作社参与农村寄递物流体系建设的实施方案，推进"供销系统农产品冷链物流体系建设工程"。2021年，全系统实现农产品销售额27591亿元、日用品销售额14925亿元，同比分别增长24.3%和17.1%，进一步畅通了农产品上行、日用品下行双向通道，在服务农民生产生活中发挥了积极作用。

(三)社有企业综合经济实力有效提升

2021年，全系统社有企业实现营业收入1.29万亿元，同比增长25.9%。近两年，社有企业营业收入呈现连续增长趋势，2021年营业收入额更是突破了

十年以来的最高点(见图2)。现代物流等新兴业务加快发展,物流业营业额首次突破千亿元,达到1033.5亿元。2021年在建亿元以上重点建设项目114个,累计完成投资475.3亿元。

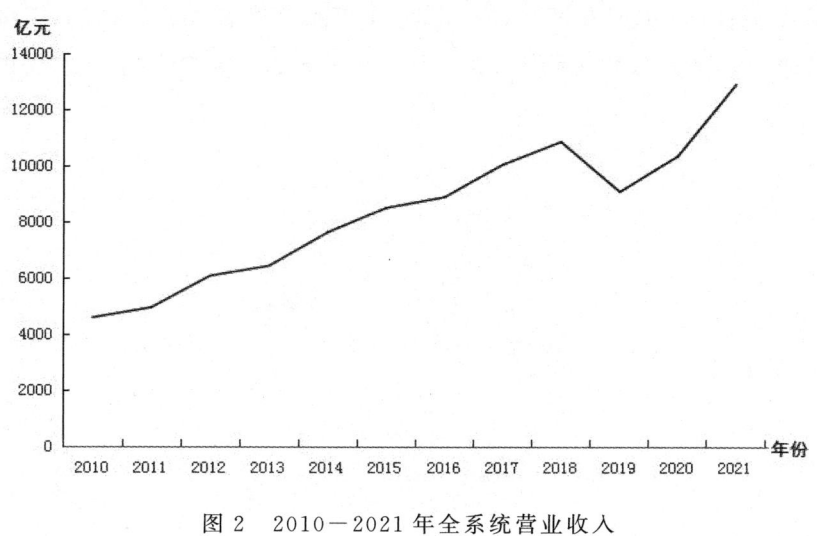

图2　2010－2021年全系统营业收入

在深化社有企业改革方面,供销合作社印发《关于持续深化社有企业改革的指导意见》,推动社有企业深化改革、创新转型、强化管理、提质增效。通过深化社有企业改革,供销合作社综合经济实力有效提升。一是现代企业制度建设加快推进。不断完善企业法人治理结构,逐步健全决策执行监督机制,强化内部管理和风险防控,集中力量压减"两金"占比、降低企业负债、处置历史包袱,全系统社有企业资产负债率降至70.5%。二是社有资产管理体制初步理顺。总社和30个省级社组建了社资委,29个省级社组建了社有资本投资运营平台,19个省级社出台了落实《供销合作社社有资产监督管理办法》的实施细则。三是社有企业创新转型初见成效。"绿色农资""质量兴棉"行动深入推进,再生资源企业加快布局城乡环境治理领域。

(四)基层基础进一步夯实

坚持大抓基层的鲜明导向,工作上优先安排,投入上重点保障,项目上更多倾斜。各级合作社也坚持把基层工作摆在突出位置,加强工作指导,强化资金扶持,提高考核权重,基层组织建设取得新进展。基层社改造持续推进。2021年,总社合作发展基金安排3000万元支持60个基层社改造项目。各地采取盘活资产、项目扶持、企业带动等方式,改造薄弱基层社2248家。指导基层社加强民主管理,1.4万家基层社定期召开社员代表大会,2021年吸纳社员559万人(户),社员总数达到1392.7万人(户),进一步密切了与农民的利益联结(见图3)。

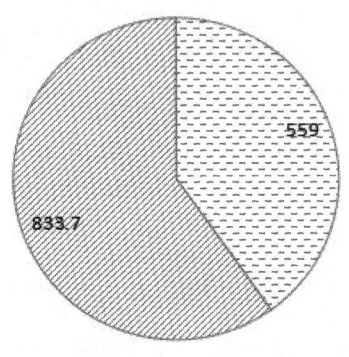

图3　2021年基层社社员数量(单位:万人)

农民合作社服务带动能力显著增强。立足地方特色产业,发挥供销合作社优势,做强流通、仓储、加工等"后半程"服务,领办创办农民合作社1.3万家,总数达19.2万家,入社成员1516万户。推动农民合作社联合合作,累计发展农民合作社联合社9865家。2021年,综合服务社功能更加健全,农村综合服务社服务功能有效拓展。供销社通过加快设施改造,优化服务环境,逐步充实农产品收购、代理代办、快递收发等服务内容,农村综合服务社发展到46.9万家,为农民群众提供周到便捷的多样化服务(见图4)。

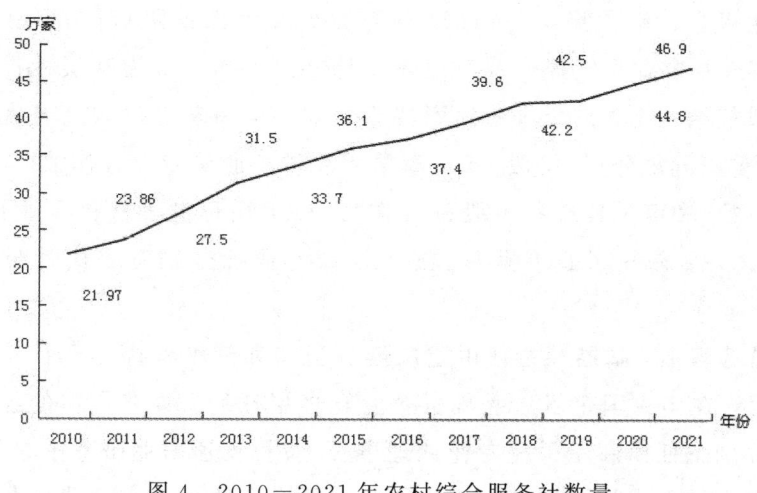

图4 2010—2021年农村综合服务社数量

（五）典型案例

1.基层社发展典型案例

基层社是供销合作社的基础，是服务乡村振兴的前沿阵地，也是供销合作社组织体系中最薄弱的环节。为了总结推广各地建设基层社、提升为农服务能力、夯实基层基础的典型和做法，分析了4个典型案例，它们在健全制度、严格管理、提升流通服务水平、拓展农业社会化服务、承接政府购买服务、密切与农民联结等方面进行了积极探索，对推进基层社分类改造具有较高的参考价值。

（1）重庆市璧山区青杠中洪供销合作社：加强合作共建 实现多方共赢。原璧山区青杠街道供销合作社成立于1986年，因不适应市场竞争已停业多年。近年来，为恢复供销合作社经营服务阵地，璧山区社牵头成立青杠中洪供销合作社，以公司形式运作，作为基层社管理，通过与农民专业合作社、村集体经济组织加强合作，为当地农民提供生产和生活服务，促进了农业经营主体发展、农业产业增效、村集体和小农户增收。

一是以公司形式新建基层社。2019年，重庆市璧山区青杠中洪供销合作社有限责任公司（对外挂"青杠中洪供销合作社"的牌子，以下简称基层社）在璧山区社主导推动下成立，登记形式为有限责任公司，注册资本100万元。区社争取市、区两级财政补助资金80万元购置门面近300平方米，该资产作为璧山区社全资企业兴合供销社集团公司(以下简称兴合供销集团)对基层社的部分出资,青杠街道办事处无偿提供5个门面合计200平方米,为基层社提供了经营场所。在股权结构上,兴合供销集团持股97.8%,重庆健洪农业开发有限公司(以下简称重庆健洪公司)持股1%,新星果蔬种植股份专业合作社(以下简称新星果蔬专业社)和健洪柠檬种植股份合作社(以下简称健洪柠檬专业社)分别持股1%和0.2%。新星果蔬专业社、健洪柠檬专业社分别有农民社员300人和126人。

在人员选聘上,基层社主任由重庆健洪公司和健洪柠檬专业社负责人胡天洪担任,他曾在多家国企、民企、外资企业管理层任职,具有丰富的经营管理经验。基层社副主任由新星果蔬专业社理事长、青杠街道农业服务中心负责人、重庆农商行璧山支行青杠分理处负责人担任,基层社监事由兴合供销集团党组织书记担任。

在财务管理上,基层社财务交由璧山区社建立的农民合作社服务中心代为管理,每月支付100元的管理费用。在利润分配上,为确保基层社顺利起步、持续经营,各方共同商定2019年、2020年基层社利润暂不分配。考虑到重庆健洪公司和健洪柠檬专业社主要负责基层社运营,经营成本投入大,且面临不确定性风险,区社企业和新星果蔬专业社不参与经营决策,商定:2021—2023年,每年按照兴合供销社集团公司、新星果蔬专业社出资额的3%支付固定回报,2024年起该比例提高到5%;剩余利润由重庆健洪公司和健洪柠檬专业社按股分配。同时,基层社对新星果蔬专业社、健洪柠檬专业社分别出资105万元、57万元,分别占34%、35%,可享受合作社内部盈余分配。此外,基层社还领办玖直农产品种植股份合作社、深基湾食用菌种植专业合作社、堂佑农机专业合作社3家农民专业合作社,均按照合作制运作,进一步强化了和农民的组织利益联结。和村集体经济组织共同出资组建2家农村综合服务社。

二是聚焦农民需求开展经营服务。基层社成立后,从解决当地农民生产生活中的难事入手,积极协调相关政策支持,同时主动对接整合供销社内部资源和系统外涉农企业、农民专业合作社、村集体经济组织、银行等为农服务组织,精准开展经营服务,受到了农民的欢迎。

探索解决农民种田难。利用区农资公司的供货渠道,将质优价廉的农资产品直接配送给合作社,化肥价格一般低于市场价格的10%。针对农村劳动力缺乏，依托入股的堂佑农机股份合作社提供耕、种、收环节的农机作业和土地整治服务，年综合作业3万多亩次，降低农民种地的人工投入，水稻、林果、蔬菜每亩分别可减少投入10元、15元、25元。通过入股的新星果蔬专业社，解决重茬仔姜易患姜瘟病的难题，每亩产量提高到5000公斤，产值超过4万元，带动300余户农民增收。

探索解决农产品销售难。基层社入驻政府采购平台，组织农民专业合作社向区级机关、企事业单位食堂配送食材，同时向城区超市供应农产品，供销社自成立以来，帮助专业社销售农产品1000万元。与双福农产品批发市场、渝州交易市场对接，入驻重庆市社"村村旺"电商平台，年组织农民专业合作社销售农产品184.7万元。

探索解决农民增收难。基层社依托重庆健洪公司加工能力，组织玖直农产品种植股份合作社及农户标准化种植大豆500亩，全部供应重庆健洪公司，加工成豆制品销售给企事业单位食堂和农贸市场，再将加工后的豆渣制成饲料销售给养殖类专业社，专业社社员种植大豆每亩可获得收入530元。入股的健洪柠檬专业社把柠檬销售给重庆健洪公司，加工成干柠檬片、柠檬果脯等食品，提高产品附加值，农民种植柠檬每亩可获得收入1240元。

探索解决融资难。基层社积极对接璧山区农商行"旺农贷"业务，为农商行推荐符合贷款条件的农民专业合作社并协助贷后管理，利用璧山区政府提供风险补偿和贷款贴息资金的优惠政策帮助农民专业合作社降低贷款成本。截至目前，已帮助4家农民专业合作社获得3年期贷款共计270万元，贴息后实际贷款利率3.425%，低于同期贷款市场报价利率0.425个百分点，有效缓解了经营资金困难。

探索解决便民综合服务落地难。基层社分别与梁山村、大森村村"两委"合作建设农村综合服务社，通过区社公司流通渠道提供农资和日用品供应服务。以梁山村综合服务社为例，基层社出资3万元，占51%。璧山区财政补贴2.88万元，量化分配给村集体和农民，占49%。服务社租用村委会的场地，聘请当地村民负责经营，扣除成本后的经营利润按股分配。基层社还依托农村综合服务社建立中国建设银行"裕农通"便民金融网点，为农户提供便捷的小额存取款服务；代办邮政公司快递收发服务，农户邮寄农产品可享受全国范围首重3千克内每千克运费仅为3元的优惠价格。此外，基层社还协助区社物资回收公司开展废弃农膜回收工作,助力乡村环保。

三是成功经验。第一,积极争取党委、政府支持是新建基层社的重要保障。新建基层社需要人力、财力、物力多方面投入,是不少地方面临的难题。璧山区社争取财政资金作为区社企业出资,交由青杠中洪供销合作社购置固定资产,并协调当地街道提供门面房,极大地帮助基层社缓解组建初期的资金压力、快速构建起为农服务阵地。第二,基层社开展服务要把准农民需求。农民所需所急所盼,既是广阔的市场空间,更是基层社的服务方向。青杠中洪供销合作社从当地农民需求出发,找准经营服务业务切入点,实现良好开端。

(2)四川省泸州市泸县嘉明镇供销合作社:坚持综合性合作经济组织属性在参与乡村振兴中发挥积极作用。2018年,泸县县社抓住县政府开展供销合作社、农村集体经济组织、农民专业合作社"三社"融合试点机遇,组织吸纳农民、农民专业合作社和农村集体经济组织出资加入,按照综合性合作经济组织要求成立"泸县嘉明镇供销合作社",通过承接政府购买服务、开展产业化经营、参与服务乡村振兴,取得了一年打开局面、两年实现盈利的良好开局,让入社农民得到了实实在在的利益,党委、政府看到了供销合作社的重要作用。

一是按照综合性合作经济组织组建基层社。嘉明镇政府高度重视支持基层社建设,成立镇长任组长,县社工作人员、农村集体经济组织负责人、农民专业合作社负责人、农村能人等共同参与的基层社筹建小组。经深入研讨论证、听取各方意见,"泸县嘉明镇供销合作社"于2018年12月在市场监管部门注册成立,登记类型为"农民专业合作社",成员出资总额159.7万元。

在成员构成及出资比例上,101个农户出资59.7万元,占37.4%;泸县供销合作社出资56万元,占35.1%;泸县嘉明镇少华村集体资产经营管理有限责任公司代表少华村、护松村等10个村集体出资40万元,占25%;泸县青媛柑橘水果种植专业合作社(以下简称青媛柑橘专业社)出资4万元,占2.5%。在机构设置上,下设综合办公室、市场营销部、农业产业发展部、项目拓展部、农村保洁服务部、后勤管理服务部、广告设计服务部"一室六部"。在业务范围上,聚焦乡村振兴对农业产业发展、基础设施建设、人居环境整治、消费市场升级等要求,重点发展农业社会化服务、建筑施工、乡村环保、商贸流通等业务。

基层社成立后,先后出资设立泸县护松柑橘有限公司、泸县嘉明三社商贸有限责任公司(以下简称嘉明三社商贸公司)、四川匠柏建设有限公司(以下简称四川匠柏建设公司）、四川嘉明置业有限公司4家企业，参股县社出资企业泸县泸川农业发展有限公司，领办绿民园林花卉专业合作社等10家农民专业合作社，建成农资、农副产品、日用品、电商等经营网点12个。

  二是加强基层社制度建设。第一，组织管理制度。基层社根据章程建立社员大会、理事会、监事会"三会"制度，对理事会、监事会及内设机构的职责作出明确规定。为充分聚合农民专业合作社、村集体等各方资源，发挥能人优势带动基层社发展，选举农民专业合作社理事长担任基层社理事会主任，嘉明镇政府退休干部担任基层社理事会副主任，县社职工担任监事会主任。建立健全财务和业务管理制度，实行重大事项、日常收支情况公示等制度。第二，盈余分配制度。经社员民主讨论，基层社执行以下盈余分配制度：所有实缴资金（共62.8万元，其中县社6万元，农户56.8万元）每年按照12%的比例获得固定回报，县社、农民专业合作社和农户的认缴资金（分别为50万元、4万元、2.9万元）每年按照2%的比例获得固定回报，村集体认缴资金（40万元）每年按照6%的比例获得固定回报。基层社与农户、村集体等共同实施的项目，利润分配方式另行约定。2019年，基层社分配盈余6.86万元，其中泸县县社获利0.47万元、10个村集体获利2.4万元、64户农民获利3.99万元。2020年，基层社分配盈余10.76万元，其中泸县县社获利1.72万元、10个村集体获利2.4万元、70户农民获利6.64万元。

  三是以承接政府购买服务为基础积极拓展经营业务。嘉明镇供销合作社成立后，积极开展农业生产服务，同时考虑到开展农业服务资金投入大、回收周期长、投资风险高，积极探索"以工哺农"发展模式，拓展建筑劳务、广告设计、城乡治理等新型服务，承接政府工程项目和村集体建设项目，获得稳定收入来源。2020年，基层社实现营业收入1000多万元、利润129万元，弥补上年亏损、扣除所得税后，获得可分配盈余46万元。第一，积极争取镇政府和村集体等方面项目支持。基层社多次向嘉明镇政府汇报、与村集体沟通，争取获得项目政策支持，聚合相关服务资源。抢抓乡村基础设施建设机遇。依托四川匠柏建设公司（基层社占股90%），承接当地农村宅基地复垦、改厨改厕、小型水利设施建设、农村公路建设等公共项目，2020年解决30多人就业，增加农民劳务收入100万元，基层社获利23万元。第二，助力发展环保产业。经嘉明镇政府协调，基层社以年息6%向大同村等4个村集体借款670万元（闲置的宅基地拆迁款),并自筹资金130万元,购买占地面积72亩的国企废旧厂房,打造环保产业工业园。目前,已有泸州山水秀美环保等4家公司入驻,每年可获利租金130万元。第三,承接团体配送业务。依托出资的嘉明三社商贸公司为镇政府、村(社区)、学校、企事业单位提供办公用品、食材配送等服务,年获利30万元。第四,开展农资经营业务。通过村集体经济组织统计农户农资需求,基层社按需统一组织采购;参与县社组织的基层社农资联采,采购成本降低5%,每袋尿素(80斤)价格比个体经销户低10元。推广"线上下单+线下配送"的服务模式,农资可直供地头,方便农民群众开展生产。2019年,开展农资业务当年,就达到全镇市场份额的10%;2020年,配送各类农资1000余吨,服务耕地5000余亩,市场份额扩大到25%,获利20万元。第五,开展柑橘产业化经营。为进一步增强产业服务带动能力,2020年基层社与护松村集体资产管理公司、800余户农民共同建设柑橘产业园,项目总投资520万元,其中,基层社出资208万元,占40%;村集体出资156万元,占30%;800多户农户以1200亩土地5年期租金作价156万元入股,占30%。产业园种植优质柑橘10万余株,基层社负责供应农资,日常管理和技术服务委托青媛柑橘专业社负责,村集体协助组织用工。产业园为周边农民提供就业岗位100个,农民每年增加劳务收入100万元左右。产业园达产后,每年先给予农户每亩300元的固定分红,再按照4∶3∶3的出资比例向基层社、村集体、农户分红。第六,参与农村人居环境治理。承担嘉明镇及10个村的垃圾分类转运和嘉明、福集、喻寺、方洞4个镇3条河49公里长的河道治理工作,每年可分别获得财政资金120万元、20多万元,共带动就业27人,增加农民劳务收入104万元。参与秸秆资源化综合利用试点,由村民小组按每吨300~500元收购秸秆,村委会定点集中运输,基层社负责加工成有机肥,免费供应给农户使用,县农业农村局和镇政府进行补贴。2019年秋季至2021年夏季,累计回收秸秆2160吨,生产有机肥1200余吨、基料500余吨,促进秸秆还田、绿色发展,农民销售秸秆增收80余万元。

四是成功经验。第一,直接吸纳农民和各类新型农业经营主体加入是新建基层社成功之路。这种组建形式把握了农村产权制度改革和促进农村集体经济发展壮大的政策机遇,能够调动各方工作积极性,落实合作制原则,切实打造以农民社员为主体的综合性合作经济组织。第二,承接政府购买服务是启动基层社发展的重要途径。新建基层社开展为农服务资金投入量大,争取政府及有关部门为基层社"赋能"能够帮助基层社"创收",从而尽快站稳脚跟。嘉明镇政府将基层社作为开展"三农"工作的重要载体,赋予服务职责,协调资金项目支持,促进基层社快速形成自我造血能力、增强联农带农能力。第三,优化利益分配是基层社建设的关键环节。嘉明镇供销合作社注重调动农民专业合作社、村集体、小农户等各方积极性,共同创利、增利,同时主动妥善分利、不与民争利、为民让利,使其获得各方认可支持,进而推动事业稳步发展。

(3)湖南省长沙市长沙县路口供销合作社:创新传统服务方式构建现代流通网络。长沙县路口供销合作社成立于1956年,登记为集体所有制企业,综合实力一直较强,是全国标杆基层社。2004年,长沙县路口供销合作社进行改制,新出资成立"长沙路口物资供销有限公司",着力构建较为完备的为农服务组织体系和现代流通网络,发展成为资产过亿元、体系健全、服务范围覆盖广泛的为农服务生产生活综合平台。目前,基层社员工总数700多人,固定资产达1.05亿元,2020年实现销售收入4.1亿元。

一是通过改制完善基层为农服务组织体系。2004年12月,长沙县路口供销合作社实施改制,主要举措是将原有资产、业务、人员转入新成立的"长沙路口物资供销有限公司"(以下简称供销公司),实施现代企业经营管理制度,负责超市、电商等流通业务经营管理;基层社继续保留,对供销公司行使出资人职责,收取资产收益用于安置退休职工、投资农化服务领域。对外,基层社与供销公司可以使用各自名号,也可以泛称基层社;对内,基层社与供销公司实行社企分工。通过改制,基层社除保留12家农资门市部的产权外,全部资产经评估作价以883万元注入供销公司,占比87.81%;基层社原有职工500人全部与供销公司重新签订劳动合同,工资与社会保险全部由供销公司负责支付缴纳;基层社除负责农业社会化服务外,其余业务全部移交供销公司经营管理;基层社与供销公司主要管理人员实行交叉任职,基层社主任兼任供销公司副董事长,供销公司董事长兼任基层社副主任。

在经营组织架构上,以供销公司为主体,按业务板块投资设立专业经营公司和分支机构,相继成立湖南和通超市有限公司(供销公司全资)、长沙和诚电商科技有限公司(供销公司持股35%,另有2名自然人共持股65%)等4家子公司,分别开展连锁超市经营和电商服务,实现线下线上融合发展。以原基层社为主体,对外投资设立长沙美丰农资连锁有限公司(基层社持股20%,另有6

名自然人共持股80%)和长沙供销新三维农业综合服务有限公司(基层社持股15%,长沙县社持股25%,美丰公司持股60%),负责开展农资分销和农业社会化服务。

在管理制度上,继承"五定两联"传家宝。对于经营门店实行定销售任务、定人员、定毛利率、定考核毛利额、定资金周转额,销售联提成工资、考核效益联年终绩效奖励工资,根据门店经营规模和行业特点制定销售指标。例如,根据连锁超市经营规模,制定300万~5000万元不等的年销售任务;针对不同行业,制定不同的毛利率指标和考核毛利额,农资商品毛利率指标为8%,服装等日用品毛利率指标为20%;对所有员工实行农资销售奖励,员工售卖农资产品,配送到农户家中的,可获得一定资金额度奖励,提高员工收入的同时实现了农资配送"服务到户",年发放农资销售奖金约20万元。

二是做优传统流通服务。瞄准农村市场,先后投资过亿元,改造长沙路口供销合作社原有经营门店15家、新建门店7家,总营业面积50000多平方米,跨区域覆盖长沙县13个乡镇中的11个,共同打造"和通"供销连锁超市品牌。第一,开展日用消费品零售经营。"和通"连锁超市门店主要出售生鲜蔬果、包装食品、百货家电、文体用具和五金建材等生活用品,满足农村居民日常购买需求。在此基础上,近年来增设儿童游乐场、药品商店等多种便民设施,不断拓展经营服务范围,提高村民购物体验。目前,"和通"连锁超市总商品种类已超过1.8万个,适销率达90%以上,成为当地镇村商品流通主阵地。第二,开展农超对接。与长沙县当地30多家农民专业合作社签订购销合同,建立农产品初加工中心,增加农产品附加值。承接当地企事业单位订单,开展团购业务,对于需求量大的订单提供送货上门的"一条龙"服务,既保证了供应的农产品品质,又解决了农民专业合作社和农户的销售难题,年帮助销售板栗、葡萄、梨、莲藕等农副产品超过2000万元。利用区位优势,在路口镇设立长沙县首家进出口商品销售专区,推广茶叶、食用菌等长沙县优质"三同"(同一生产线、同一标准、相同质量)产品,开拓中高端市场。第三,开展电商交易。打造长沙供销电商平台,以"和诚优品"微商城连锁经营方式开展电商服务。建设县有配送中心、镇有连锁超市、村有加盟站点的三级物流配送体系,开展线上交易、仓储物流、终端配送一体化经营,目前可在48小时内将商品送达农户。2020年疫情防控期间,"和诚优品"微商城发挥重要作用,仅生活物资一项就比上年同期增加销售额 2000 万元。

三是创新开展农业社会化服务。农资供应是基层社的传统业务，经过多年发展，拥有 12 家农资直营店和 100 多家农资销售网点。目前，农资经营业务主要由供销公司和美丰公司共同开展，通过联采分销，将低于市场价的化肥、种子、饲料等农资产品配送到田间地头和农户手中，年销售额约 120 万元。

在农资供应基础上，基层社通过成立新三维公司，面向县域内农业企业、农民专业合作社和种粮大户，开展农业社会化服务。第一，开展无人机绿色防治。购置服务设备 4 台，长期租赁美丰公司设备 4 台，配备技术人员 6 名，在全县范围利用无人机开展绿色防控服务，年集中作业时长达 5 个月以上，服务面积近万亩，服务价格低于市场价格的 40%。第二，定期举办农技培训。聘请专家教授和专业农技人员作为技术顾问，深入田间地头，根据作物种植情况开展病虫害防治、生态种植、肥水管理等专业性指导，提高种植户技术水平。每年开展集中培训达 500 人次。第三，开展土壤检测与修复。针对水稻种植过程中重金属含量超标导致的收购价格下降甚至拒收问题，与种植基地和种粮大户合作开展试验示范，逐步推广土壤改良方案与绿色农资产品，每亩水稻增收可达 100 元。

四是成功经验。第一，实行社企分工是提高基层社运行效率的有益探索。基层社保留部分资产和股权收益，将具体业务经营交由公司开展，实现了资产、业务集中和人员统一调配，有利于发挥现代企业制度优势，更好地适应市场竞争。第二，完善管理制度是促进基层社良性运转的有效手段。基层社长期坚持"五定两联"管理办法，根据不同行业特点和经营规模大小，设置合理目标，严格考核激励，充分调动了员工的积极性。第三，实力较强的基层社应率先成为服务农民生产生活的综合平台。对长沙路口供销合作社这类资产实力雄厚、经营能力突出、开展业务广泛的基层社，要加大推广宣传力度，在全系统发挥示范作用，提升供销合作社基层改革成果的显示度。

(4) 山东省滨州市邹平市九户供销合作社：夯实服务阵地 健全激励机制 打造服务农民生产生活综合平台。邹平市九户供销合作社成立于 1950 年，作为独立核算的集体所有制企业一直存续至今，经营业务以农资和日用消费品销售为主。20 世纪 90 年代，人、财、物交由邹平市社统一管理。近年来，立足当地农民生产生活需求，九户供销合作社在强化监管促进资产保值增值基础上，建设综合超市做强生活服务，领办农民专业合作社拓展生产服务、密切与农民利

第一部分 全国供销合作社发展现状、问题与对策

益联结，自身综合实力和为农服务能力稳步增强，初步成为服务农民生产生活的综合平台。

一是强化资产管理壮大家底。经过70多年的经营积累，九户供销合作社集聚了较为扎实的为农服务物质基础。目前，基层社资产总额3200万元，主要为土地房产等固定资产，有5处临街经营门市、5处在村上的经营门市、3处供销超市、2处为农服务中心，其中超市由基层社自营，农资门市和为农服务中心由基层社职工承包经营，其他门市对外出租。

邹平市社统一代管基层社资产后，制定资产资金管理办法，构建监事会、审计多方参与的监督机制，通过厘清资产底数、严格项目审批等手段，强化内部管控，有效防止了社有资产流失，保全了基层社的经营服务阵地，促进了社有资产保值增值。在收支管理方面，所有收支由邹平市社月度集中会审，不合理、不合规的支出一律不准在基层社列支。在预决算管理方面，资产购置、处置须报市社审批，标的额20万元以上的建设项目通过市住建局统一招标。在资金管理方面，严格执行金融监管部门有关规定，不得巧立名目进行社会集资或借款，严格防范金融风险。在资产运营方面，基层社服务设施承包、租赁经营的，合同有效期原则上不得超过3年，且每年承包费、租赁费递增。

二是依托超市做强生活服务功能。邹平市社把握市场机遇，顺应农村消费升级趋势，2011年投资970万元建设九户供销超市，交由基层社运营。超市共两层，经营面积达2300平方米，目前平均每天客单量1350单，平均日销售额约4万元，是九户镇唯一的大型综合服务超市。在此基础上，九户供销合作社先后负责九户镇石店村供销超市、台子镇供销超市的具体经营，进一步扩大供销合作社品牌知名度和影响力，改善了当地的农村消费环境。2020年，3家超市共实现销售总额2400万元。超市经营步入正轨后，基层社着力以超市为中心，全面提升生活综合服务能力。第一，积极开展农超对接。发挥超市对当地农产品生产销售的带动作用，农民专业合作社生产的蔬菜、水果等农产品直供超市，形成稳定购销关系。基层社通过出资6万元、持股20%领办丰盈实农民专业合作社，并与其他9家农民专业合作社达成合作，每年采购农产品约110万元，带动农户100余户，每户每年增收约1000元。第二，拓展服务项目和商品种类。依托超市拓展日用品销售、农产品购销、快递收发、金融服务、便民缴费、家电回收等服务功能，提供"一站式"服务。2021年7月，基层社和邮政快

递公司达成合作，在九户供销超市设置邮政快递点，试运行期间每月下行客单约1800件。不断丰富商品种类，建设"中心厨房"，加工熟食和快餐，目前经营单品包括果蔬肉蛋、食品、洗护用品、日用百货和小家电等5600余种。积极拓展销售渠道，与当地企业、机关、学校等单位签订供货协议，配送粮油和肉蛋蔬菜等生鲜农产品，年交易额超过300万元。第三，对接县社配送中心。基层社经营的3家超市统一实施联购分销、资源共享，有效降低了采购成本。2019年，加入邹平市社出资企业经合联超市有限公司牵头成立的供销超市联盟，进一步拓展商品种类和采购渠道，通过不定期自愿参加集采集配，降低相关商品采购成本5%。目前，基层社超市商品自采比例约为85%，其余15%从经合联超市有限公司采购。

三是领办农民专业合作社拓展农业生产服务。九户镇是农业大镇，耕地面积8.8万亩，常住人口3万人。围绕破解当地"谁来种地""怎么种地"等问题，基层社争取市社支持建设为农服务中心，积极领办农机类农民专业合作社及其联合社，整合基层社农资供应优势、专业社农机服务优势，共同开展农业生产服务。第一，建设生产性为农服务中心。2015年，九户供销合作社利用原有土地、争取邹平市社370万元自有资金建设九户为农服务中心，服务中心由基层社负责运营，提供农资销售、测土配肥、农技推广、农民培训等"一站式"服务。当年实现农业社会化服务面积2.4万亩次。第二，整合农机服务力量。服务中心建成后，九户供销合作社积极与邹平市众丰农机专业合作社对接合作，基层社和众丰专业社自采部分农机具，同时整合社会农机64台，组织30名农机手组成专业化服务队，开展机耕、机种、机收等农机服务，与基层社原有农资供应业务互相补充、形成合力。2017年，基层社联合众丰农机专业合作社成立邹平县九户农民合作社联合社，进一步聚合了服务资源、密切了与农民的组织联结。第三，提升服务质量。完善服务流程，基层社面向农户接受服务预定，统一作业规范，统筹安排农机手集中或分头作业。优惠服务价格，基层社指导服务队主动让利惠农，收割环节每亩收费40元，比市场价格低10元；飞防环节每亩作业收费4元，比市场价格低2元。目前，基层社农业生产服务范围已拓展到码头、长山等周边乡镇，2020年实现农资销售额4000万元，配方施肥、统防统治、农机作业等社会化服务面积达到5万亩次。

四是通过绩效奖励建立完善激励约束机制。为充分调动职工工作积极性和能动性,九户供销合作社实行绩效薪金奖励制度。职工收入与基层社经营效益挂钩,职工基本工资与当地乡镇公务员基本工资持平。鼓励职工开拓新的经营业务,新业务占用基层社场地设施的,如承包超市闲置空间开展经营,经营利润70%归基层社,30%归创业职工;新业务不占用基层社场地设施的,如职工开辟的为企业、学校配送业务,经营利润50%归基层社,50%归创业职工。同时,在邹平市社指导下,基层社每年年初明确利润和综合效益(包括当年利润、提取固定资产折旧、提取积累性资金)等主要经营指标任务,每年年底进行统一考核,未完成任务指标的不得核发绩效奖金。对于审计等过程中发现的问题,及时提交邹平市社研究,依法依规处理。

五是成功经验。第一,严格资产管理是加强基层社建设的重要基础。社有资产管理松弛是当前各地基层社建设面临的主要问题,只有管好资产、守住家底,才能做到为农服务、实现长远发展,绝不能让基层社变成无人看管的"菜园子"。第二,搞活经营机制是增强基层社服务能力的根本动力。基层社本质上是市场主体,应遵循市场经济规律,更多运用经济手段开展经营服务。在业务拓展上,不单单是"守好摊子",还应充分利用政策资源和市场资源,顺应农业农村发展新趋势和农民对美好生活的新需求,拓展完善生产生活服务功能;在人员管理上,只有健全奖励激励机制,挖掘职工内在动力,才能把事业做大做强做优。

2.农村现代流通服务网络建设典型案例

(1)河北省供销合作社:做强双向流通 助力乡村振兴。河北省社把完善农村现代流通服务体系作为深化综合改革的重要着力点,全力构建城乡双向流通渠道,助力乡村全面振兴。供销合作社工作首次列入省委十次党代会报告,省经济工作会议明确任务十多项,连续两年荣获省委绩效考核优秀等次。

一是聚合力,做强流通网络。培育行业龙头,做强农资、农服和惠农公司等省级龙头,推进系统纵向联合、横向整合。夯实网络基础,推广正定、涿鹿等县域流通网络建设经验,在66个县开展"物流进村寨、电商全覆盖"示范建设,建立县级集散中心72个、乡镇中转站461个、村级综合服务社近4.6万个。加强联合合作,围绕农产品销售、农村电商、冷链物流、农资集采、农机服务等领域建立产业协作机制,联结各类经营服务主体420家,推动渠道共享,深化业务合作。建设信息化平台,整合省市县经营服务资源,为村级综合服务社赋能,打造村级综合服务载体,为农民提供农村流通等经营服务,为党务政务代办等公益服务提供场所。目前,信息化平台已试运营。

二是保供给,促进工业品下行。积极打通上游供应渠道,畅通工业品下行渠道,满足农民生产生活新需求。加强日用品连锁经营,在51个县初步建成县有物流配送中心、乡镇有综合超市、村有综合服务社的县域日用品流通服务网络,发展连锁经营网点1.28万个,打造出邢台"乡间货的"、康保"小毛驴快递"等农村物流品牌,年实现消费品零售额1646亿元,同比增长29%。推动农资集采直供,密切厂商合作,稳定货源基地,2021年农资销售额同比增长29%,满足全省60%以上需求。延伸农资流通服务链条,成立省现代农业服务公司,承接全省浅埋滴灌节水农业试点任务,2021年完成建设任务30万亩,带动全省系统开展农业生产服务5800多万亩次。强化应急物资储备,落实化肥储备43万吨、食盐储备3.4万吨,2021年年初向疫情期间闭环管理的石家庄等地供应生产生活必需品27万吨,在保供稳价中发挥了重要作用。

三是强服务,带动农产品上行。针对京津地区、雄安新区和北京冬奥会农产品供给需求,建设覆盖全省、线上线下融合的农产品销售体系,多渠道拉动农产品上行。推进市场升级,以信息化手段改造提升承德蔬菜、邢台果品等99个农产品市场,完善交易结算、物流管理、检测和质量追溯体系,提升交易效率。加快电商应用,建立系统内电商平台120家,发展村级电商服务站1700多个,对接"832平台"和第三方电商平台,开展直播带货,年实现农产品电商销售额115亿元,同比增长59%。发展冷链物流,规划建设全省骨干网,成立冷链企业75家,冷冻冷藏库容50万吨,年物流业营业额84亿元。组织直采直销,在邯郸、唐山等8个市建成社区直营店497个,开展产销对接活动363场次,带动农产品基地254个。加强品牌营销,培育区域公用品牌20个。其中,"冀供优品"省级品牌合作产品1035款;"承德山水"在京津设立销售专柜2700个,年销售额52亿元。2021年,全省系统农副产品企业实现营业收入90亿元,同比增长52%;农产品市场交易额突破525亿元,同比增长43%。

(2)江西省供销合作社:突出重点 一体化推进 全力打造农村现代流通服务网络。江西省社抢抓国家推进农产品冷链物流和农村寄递物流体系建设机遇,争取政策支持,整合系统资源,发展全省城乡冷链物流骨干网和"互联网+第四方物流"供销集配体系,带动系统工作取得新进展。

第一部分　全国供销合作社发展现状、问题与对策

一是争取党政支持，加强集成推进。省社主动承担加快全省冷链物流产业发展重任，积极争取党委、政府重视和有关部门支持，编制冷链发展规划、制订"第四方物流"建设方案，成立省供销集团、冷链科技公司、电商公司等平台载体，一体化推进冷链物流和"第四方物流"项目建设。有关工作2020年、2021年连续列入省委全委会、全省经济工作会议重要工作和省委发改委年度任务，2020年起进入全省重点项目库和新基建重大项目名单，省社落实省政府专项债24亿元、省财政服务业资金3亿元，协调出台项目供地保障政策，2022年又有9个冷链项目列入省政府专项债项目库。

二是加大创新力度，激活发展动能。第一，注重模式创新。打造冷链物流省域全网模式，统筹建设冷库仓储和农批市场、中央厨房等设施，增强综合服务功能，利用信息化手段实现点线成网，推动全程冷链无缝衔接。累计签约25个项目，建成9个项目，冷冻冷藏库容达27.5万吨。创新"第四方物流""四个一"建设模式，每个县组建一家集配企业、建成一个集配中心、搭建一张集配网络、共享一套集配系统，集中开展城乡共同配送。建成93个县级集配中心、8624个集配网点，实现全省县域全覆盖。第二，注重科技创新。成立研究院，搭建大数据管理和交易平台，按照全链条无脱冷、绿色节能环保、5G物联智配标准打造冷链物流骨干网。自主研发"第四方物流"信息系统，拥有34项知识产权专利，做到信息化操作和智慧化管理。第三，注重机制创新。完善企业运行机制，突出绩效导向，科学分配薪酬，探索推行超额利润分享、虚拟股权、项目跟投、员工持股等激励措施，吸引百余名企业高级管理和专业技术人才加入。

三是优化产业链条，提升服务效能。第一，向前端拓展。组织相关社有企业对接农民专业合作社、种养殖大户等农业经营主体，推动流通服务向生产环节延伸，带动生猪、果业、蔬菜、水产等特色产业发展。第二，向中端赋能。省冷链科技公司与顺丰、京东等企业开展合作，引进成熟运营模式和团队开展冷链业务运营。项目建成后每年可降低农产品腐损39亿元。依托"第四方物流"集配体系整合"四通一达"等寄递物流资源，推进赋能提升。上年累计完成上下行物流配送6.35亿件，县域配送效率提升70%、流通成本降低20%，780万户乡村百姓享受到快捷服务。第三，向末端延伸。省冷链科技公司创立"供销江南"线上平台，在129个省直企事业单位、居民社区开展生鲜网络销售+冷柜自提业务；成立"供销壹号"合资企业，在南昌市打造江西第一家五星级智慧农贸

市场，2021年新签约9家智慧农贸市场升级改造项目，实现线上线下融合联动，打通农产品从田间到餐桌的全程链条。

（3）广东省供销合作社：建设冷链骨干网 强化小农户对接大市场基础支撑。针对全省800多万户小农户的实际需求，广东省社以冷链骨干网建设为突破口，强化面向小农户的农产品现代流通服务支撑。有关做法得到省委、省政府高度重视，冷链骨干网建设列入2020年、2021年省委全委会工作报告和省政府工作报告，省级累计安排项目资本金5亿元、专项债52亿元和每年500亩专项用地指标予以支持。

一是发挥优势，整体布局。针对冷链设施投入大、效益低、社会资本投资意愿不强，省社依托供销合作社系统联结城乡、连通农产品产区和销区的组织体系和网络优势，早谋划、早部署，制定全省冷链骨干网建设方案，推动"粤港澳大湾区1个中心库＋产地网、销地网2个区域网＋库容整合、车辆运输、智慧冷链3个运营平台"建设，规划用3年时间建成库容160万吨、配套冷藏车2000辆和田头冷链装置1000台，构建社会化服务、市场化运营、智能化管理、网络化协同，具有独特竞争优势的供销冷链"一张网"。

二是双线运行，快速推进。发挥联合社机关行业指导推动和社有企业市场运作的双线运行优势。省社成立指挥部，分管领导包片，挂图作战；市县供销合作社上下协同、联合推进；冷链物流龙头企业牵头实施，项目快谋划、快建设、快运营。在全省19市55县谋划项目60个，总体达成规划目标；开工项目31个，新增用地2500亩；运营项目22个、冷库库容58.4万吨，全省网络布局基本形成。

三是下沉服务，联结农户。推动冷链物流服务网络向农村延伸，密切与农民利益联结。依托供销合作社县域助农服务平台和镇村助农服务中心，建设田头仓储冷链物流设施，为小农户提供农产品采购、田头预冷、低温加工、冷藏保鲜等服务，解决农产品流通"最后一公里"难题。2021年，在20个县建设运营田头冷链示范点82个，带动61个市县供销合作社发展田头冷库223个。

四是完善链条，对接市场。围绕一二三产业融合，发挥冷链骨干网项目的支撑作用，打造农产品现代流通全产业链。推进农产品分级分拣，与布局全省的100个直供配送中心协同，发展"生鲜电商＋冷链配送"。集聚农产品加工产业，在江门等地打造一批省级现代农业加工产业园区，拓展中央厨房、预制菜等精深加工。服务应急保供，打造粮食、冻肉等重要农产品储备基地。创新农品流通，落实全国总社和广东省战略合作协议，部省共建惠州大湾区绿色农产品生产供应基地，以冷链物流板块为基础，整合前端生产主体和后端销售渠道，发展供销特色以销促产新模式。

五是数字赋能，精准管理。建设广东数字供销，搭建全省智慧冷链物流系统，依托冷链骨干网，上线云仓管理系统、车辆协同系统、农产品质量检测追溯系统、产销对接系统，实现冷链运输全程数字化管理，为精准联结小农户、对接大市场提供支撑。

（4）陕西省供销合作社：创新流通服务方式 大力推进产销对接。陕西省社把建设农村现代流通体系作为服务乡村振兴的重点任务，以培育龙头企业为关键，以构建县域网络为重点，推进上下贯通、一网多用，加快线上线下融合发展，在畅通城乡流通、助力产销对接中发挥了积极作用，在抗疫保供中展现了担当作为。

一是加强网络建设，提升现代流通水平。第一，培育农村电商龙头。通过吸纳中国供销集团及市县社出资企业入股，整合系统资源，做强陕西供销电商集团。目前，集团拥有出资企业39家、县级电商运营中心30个、乡村综合服务网点731个，2021年实现营业收入7亿元，利润1573万元，被评为省级农业产业化重点龙头企业。第二，加强仓储冷链物流体系建设。围绕农村电商发展，建设销区前置仓32个、区域中心仓33个、农产品产地仓78个，初步形成具备仓储、检验、分拣、包装、物流、配送和供应链管理功能的仓储物流体系。推进省级冷链物流港、4个市级仓储保鲜冷链物流中心、9个县级冷链物流园建设，增强冷链保障能力。全省系统发展冷链设施企业102家，拥有冷库1244个。第三，打通农村寄递"最后一公里"。通过改造网点、村社共建、连锁加盟等方式，建设乡村物流配送站点3473个；加强与邮政、交通、商业等部门合作，强化县级电商运营中心统筹能力，为各类新型农业经营主体提供运输、仓储、加工、配送等服务，推动寄递体系进村到户。

二是创新服务方式，助力农产品销售。第一，开展网上销售。组织56个脱贫县的2172家供应商入驻"832平台"，上架商品近2.3万个，年销售额13.6亿元，中央电视台4次对有关做法进行报道。通过网上展销、直播带货、"线上下单、无接触配送"等方式，开辟农产品销售新渠道，2021年全省系统实现农产品电商销售153亿元，同比增长82%。第二，加大展销力度。省社安排1000

万元农产品促销资金,举办展销会实现现场销售2亿元、签订订单8亿元。设立脱贫地区农产品销售专柜专区专馆622个,面向学校、医院、机关单位、企业开展集采集配、直供直销。2021年全省系统销售农产品854亿元。第三,服务品牌建设。依托县域特色产业,开展农产品品牌基地县建设试点,培育了洛川苹果、眉县猕猴桃、柞水木耳等7个区域公共品牌。通过农林卫视制作名优农特产品节目360期,组织培训农产品促销人员3100人,培育农产品名优品牌125个。

三是发挥系统优势,参与抗疫保供。陕西本轮新冠肺炎疫情发生后,省社立即成立抗疫保供工作专班,组织全系统7192名干部职工投入抗疫保供一线。省市县乡四级联动,3家社有企业被纳入省市生活必需品应急保供骨干企业名单,421个网点被纳入抗疫保供名录,向封控社区、机关单位配送生活物资;农资企业为保春耕开展农资储备。全系统累计捐赠粮油、果蔬及防疫物资30多万元,供应各类生活必需品5.7万吨、防疫物资7万多件,储备农资26万吨。省社还争取省农信社紧急向全省市、县级社提供抗疫保供专项授信34亿元,已使用贷款5636万元。供销系统保障西安市区生活物资供应工作得到省委、省政府主要领导充分肯定。

二、全国供销合作社改革发展中存在的主要问题

供销合作社综合改革虽然取得了阶段性成效,但对照习近平总书记重要指示精神和党中央、国务院决策部署,对照中发〔2015〕11号文件要求,仍存在着发展还不平衡,与农民的利益联结不够紧密;基层基础尚不稳固;社有企业综合服务实力还有待提升;干部队伍能力作风还不适应事业发展需要等问题。

(一)综合改革成效有待进一步显现

供销合作社组织体系尚未形成上下贯通、运行高效的运行体制机制,导致其服务网络的规模优势尚未有效发挥,综合改革的效应有待进一步体现。一是体制机制改革尚未取得实质性进展。全国各级供销合作社尚未形成统一的网络规模,松散的运行机制使得经营模式单一趋同。供销合作社构建现代流通网络、参与农业产业化经营的切入点在于流通,但是流通仅有个别网点或是龙头企业还远远不够,因为单个企业或基层供销合作社,尽管可能发挥一定的流通

作用，但要真正承担起组织农民进市场、延伸农业产业链的重任，还是显得无能为力。因此，供销合作社在流通之外还需要强大的网络连接，形成统一的网络规模。如此供销合作社的优势才能被充分地发挥出来。同时基层经营网络大多停留在农民的生产资料和必需的生活资料上，既不能组织收购大批量的农副产品，又无力经营大宗商品（如彩电、冰箱、空调、洗衣机等），因而不能满足广大农民对美好生活的向往和追求。二是供销系统内部联合与合作的体制机制尚未建立。各级供销合作社网点遍布城乡各个角落，普遍规模小、组织化程度低，并且实力较弱，加之行政区划等原因条块分割，同类型组织多，同业竞争严重，在资源整合的基础上实现同类联合的难度较大。在经营网点的选择上，不能摆脱急功近利、嫌贫爱富的阴影。城镇规模较大，经济发展状况良好的村镇往往具备良好的经营环境和发展空间，但不能不正视在这样的地区竞争也更加激烈的现实。而在偏远的欠发达地区，却具有前者所没有的市场潜力和消费需求。

（二）基层基础仍显薄弱

目前，各地供销合作社发展不平衡不充分的问题比较突出，部分县级社、基层社经济实力还不够强，为农服务的能力不能满足农民生产生活需要。基层社是整个供销合作社组织体系中最薄弱的环节，总体存在着经营服务能力不强、规模不大的问题。一是基层社有效覆盖不够。传统主营业务萎缩，为农业农村发展提供的服务供给有限。如在农副产品收购和生活资料供应方面，市场需求大，但基层社所占市场份额小，能提供的服务有限，在农技咨询、信息服务、文化娱乐等方面基层社参与更少。二是供销合作社经营范围的扩大要求供销合作社的职能必须从计划指定的农产品和工业品流通，扩大到任何商品的流通；从产品流通的单一职能扩大到产品生产和非产品经营的多元化经济职能。三是参与农业产业化的能力有限。目前基层供销合作社普遍缺乏初始投入能力，资金紧缺，客观上导致基层供销合作社的商业取向，缺乏明确的发展目标，无法将基层组织建设与联合社建设、经营网络建设、社有企业发展有机结合起来，难以适应日益变化的市场需要。四是与农民的利益联结不够紧密。供销合作社自改革以来，方向性定位是准确的，即为农服务的合作经济组织，但在体现"合作经济"的原始属性——"合作制"上，已经发生了部分偏移。这对供销合作社秉承为农服务宗旨，密切与农民利益联系，成为真正的农民合作经济组织是十分不利的。

(三)社有企业综合服务实力有待提升

社有企业改革滞后,规模实力和发展活力还不强,总体发展水平与构建经营服务体系的要求还不适应,市场竞争力弱,引领行业发展的龙头企业相对较少,社有资产管理体制机制有待健全。一是经济实力不强,抗风险能力差。经过几十年的发展,社有企业大多积累了一定的社有资产,但这些资产几乎都有数量多、个头小,优良资产少,抗风险能力差等特点,由此导致自身积累不足,发展缓慢,缺乏竞争能力。同时社有企业整体实力较弱,受老体制机制的制约影响,企业活力没有得到增强,经济总量偏小,社有企业之间相对封闭,资源共享不充分,整合意识不强。二是规范的现代企业制度尚未完全建立,企业法人治理结构尚不完善。供销合作社实行社企合一的资产管理制度,仍未完全按照现代企业制度要求建立社有资产管理体制,所有权和企业的法人财产权没有完全分离,出资人与企业之间权利义务与职责界限仍不明确。供销合作社企业的法人治理结构不完善,有效制衡的股东会、董事会、监事会和经理层"三会一层"制度尚未建立;社企不分、多头管理没有得到根本改变。三是出资人缺位、有效监管制度不完善,缺乏有效的经营者激励与约束机制。县级以上供销合作社作为参照公务员管理的事业单位,理事会在履行出资人职责时往往出现缺位或错位的现象。资产控制权往往掌握在供销合作社的少数几个中高级管理人员手中,缺乏有效的激励难以实现资产价值的最大化。

(四)人才队伍建设亟待加强

供销合作社深化综合改革,积累经验,锤炼队伍,供销合作社干部队伍状况总体上是好的,基本上适应了企业发展的需要,但是也应看到,当前干部队伍能力作风仍难以适应事业发展的需要。一是部分干部职工理论素养和知识水平不适应事业发展的需要,业务能力、工作水平有待提高。工作岗位固定,培训交流少,外出学习少,思想封闭僵化,凭经验、凭惯性去工作,存在能力危机问题。而且受基础条件、体制机制等客观因素和人的主观能动性等因素的影响,部分干部创业激情有所退化,习惯于按部就班,看摊守业思想严重,导致全系统发展不平衡。二是干部职工队伍年龄结构不合理,人才匮乏。人员老龄化现象突出,尤其是干部队伍年龄都偏大。目前,各基层社和流通企业主要负责人、市联社机关中层干部平均年龄都较大,市联社领导干部平均年龄更大。干部人才出现断层,真正了解供销合作社、热爱供销合作社、懂经营、善管理的专业人才储备不足,合理的人才梯队建设进展缓慢。人才匮乏成为制约发展的最大短板。三是基层社的人才短缺问题尤为突出。由于基层供销合作社行业的人均收入水平相对较低,对中、高端人才缺乏吸引力,供销系统网络经营、管理人员,多数是原企业改制时留下来的,理念和知识陈旧,无法适应传统业务转型与新兴业务发展的现实需要。

三、加快全国供销合作社改革发展的对策建议

习近平总书记重要指示指出,供销合作社是党领导下的为农服务的综合性合作经济组织,强调要加快成为服务农民生产生活的综合平台,成为党和政府密切联系农民群众的桥梁纽带。近年来,供销合作社系统坚持为农服务宗旨,为巩固完善农村基本经营制度、保障粮食安全和重要农产品有效供给、促进农业稳定发展发挥了重要作用。未来,供销合作社应从强化顶层设计,完善组织体系建设、完善县乡村三级流通服务网络,提高流通网络现代化水平、加快推进社有企业高质量发展,提升为农服务的产业支撑能力、促进主流业务与信息技术深度融合,推动为农服务数字化转型、创新人才发展体制机制,加强为农服务人才队伍建设五个方面持续深化改革,为全面推进乡村振兴、加快农业农村现代化贡献新的力量。

(一)强化顶层设计,完善组织体系建设

当前,供销合作社深化农业社会化服务改革被纳入农村改革的总体布局中,并在国家层面有了新的设计和安排。旨在解决供销合作社与农民合作关系不够紧密、综合服务实力不强、层级联系松散、体制机制不够顺畅等突出问题,按照为农服务宗旨和政事分开、社企分开方向,把供销合作社打造成同农民利益联结更紧密、为农服务功能更完备、市场运行更有效的合作经营组织体系。供销合作社深化农业社会化服务改革,始终要确保正确的方向、必要的扶持和良好的改革发展环境,尤其需要始终坚持不懈地解决好四个事关全局的重点问题。一是强化顶层设计,探索供销合作社特色的农业社会化服务体系。把为农

服务成效作为衡量工作的首要标准，把更广泛、更深入地为"三农"提供综合服务作为首要任务，一切都要奔着为农服务去。拓展整个供销合作社系统经营服务领域，推动由流通服务向全程农业社会化服务延伸，向全方位城乡社区服务拓展，加快形成综合性、规模化、可持续的为农服务体系。二是统一思想认识，完善组织体系建设。供销合作社要进一步统一思想认识，提高政治站位，以高度的自觉深化农业社会化服务，积极完善组织体系建设，确保长效健康发展。通过领办专业社及组建联合社，推进生产、供销、信用综合合作，大力发展行业协会，更加广泛地吸纳农民和各类新型农业经营主体加入等方式，从而真正体现出广泛的群众基础和平台作用。同时，采取多种方式加强联合社层级间的联合合作，贯通上下，打造出深耕农村、联结农民、遍布城乡的庞大网络，形成系统优势和规模优势。三是稳妥开展农村合作金融，积极推进农村资金互助合作，有效解决了当地农民融资难、融资贵问题，为促进农民增收发挥了积极作用。四是探索开展保险服务，联合保险公司开展气象指数险、价格指数险、田间作业险等涉农保险服务，增强经营主体抵御风险的能力。

（二）完善县乡村三级流通服务网络，提高流通网络现代化水平

完善县乡村三级流通服务网络，以畅通农产品销售为重点，抓生产源头，加强农产品商品化处理，加强农产品市场建设，发展多种形式的产销对接，大力拓展农业产后服务功能。首先，打造农产品现代流通全产业链，加强农村现代流通服务体系建设，充分利用系统资源优势、提升县乡村三级流通网络功能，将分散网点打造成上下贯通的"一张网"，打通农村流通服务"最后一公里"，为农民提供便利实惠、安全优质的农业社会化服务。加强县域集配中心建设，加大集采集配力度；综合利用基层服务网点，实行商业流通服务与便民服务代办一体经营；加强冷链、批发市场、集配中心和超市网点的有效对接，破解鲜活农产品上行保质减损增效难题；加强信息化平台建设，以智能化、精细化管理提升服务效率。其次，应与农村第一、第二、第三产业实现融合发展，兼容生产生活生态、融通农文旅的产业体系。通过建设观光体验基地、办农（牧）家乐、卖土特产，延伸了产业链，延长了价值链。不断提高农业质量效益和竞争力，为畅通国内大循环、促进内需发挥积极作用。最后，积极探索"供销社＋互联网"模式，一是以社属企业为平台，采取股份制合作形式组建网络销售服务公司，倾力打

造农副产品网络销售平台,实现"从田间到餐桌、从厂家到终端"经营模式的网络销售体系。二是积极引导企业入驻平台,组建专业电商团队,通过专业电商平台运营、网络直播、短视频等方式,举办网上购物节、博览会等宣传促销活动。三是结合旅游资源,开展农旅产品线上团购、线下体验推广活动,推进乡村休闲游与农产品网络销售融合发展。构建线上线下融合的农产品销售体系,多渠道拉动农产品上行。

(三)加快推进社有企业高质量发展,提升为农服务的产业支撑能力

社有企业是供销合作社为农服务的重要载体,近年来,供销合作社系统社有企业改革发展取得明显成效,为农服务能力持续增强。新形势下,为加快"成为服务农民生产生活的综合平台,成为党和政府密切联系农民群众的桥梁纽带",供销合作社应坚定不移地做强做优做大社有企业。应以推动高质量发展为主题,以提升为农服务能力为根本,以增强经济实力和市场竞争能力为中心,着力深化改革、创新转型、提质增效,不断做强做优做大,在全面推进乡村振兴、加快农业农村现代化中担负更大使命、作出更大贡献。一要大力推进社有企业转型升级。推进传统业务提质增效,运用现代流通的理念、方式、手段等要素,改造传统流通业态,推动供销合作社主营业务向产业链、供应链、服务链上下游延伸。大力培育新动能,积极拓展电子商务、冷链物流、农村寄递物流、"第四方物流"、智慧供应链等业务,不断壮大新的经济增长点。提升县域流通服务网络功能,通过建设县域集采集配中心,开展县乡村物流共同配送,为农民提供质优价廉的商品,让农民在农村就能够享受到基本的现代生活条件。优化社有资本布局,推动社有资本向为农服务主业集中,加快培育壮大一批龙头骨干企业。二要加快建立健全现代企业制度,着力健全市场化经营机制。健全法人治理结构、深化产权制度改革、加强企业内部管理、把党的领导融入公司治理各环节。强化社有企业市场主体地位,深化劳动、人事、分配三项制度改革,探索开展多种方式的中长期激励。对不同类型的社有企业实行差异化考核,加快建立有效管用的激励约束机制,激发企业内生动力和活力,强化企业内部管理,强化制度执行刚性约束。同时进一步理顺社企关系,联合社机关要把握好社有企业为农服务方向,切实发挥外派董事、监事的作用,加强社有资本监管,促进社有资产保值增值;社有企业要面向市场自主经营、自负盈亏。理事会要落实社

有资产出资人代表职责,监事会要强化监管职能。三要以务实举措推进联合合作。全系统要围绕增强企业发展活力和为农服务能力,立足机制创新,打破行政区域和层级界限,推进社有企业跨层级、跨区域联合合作,推进产业链上下游协同发展,尤其注重加强与基层的联合合作,增强行业竞争力与话语权,不断提升服务水平。四要加快完善社有资产监管体制。充分发挥监事会作用,相关部门形成监督合力。要着力完善监事会组织机构建设。建立监督规范、高效运转、公开透明、廉洁创新、坚强有力的监督主阵地。要明确监事会职责,强化职能。社有资产管理、审计、纪检监察等相关部门也要形成监督合力,加强各级供销社资产监管的审计、业绩考核,将社有资产保值和增值分别列入年度考核指标。加大各级纪检监察部门加大社有资产的管理运营监督审查的力度。

(四)促进主流业务与信息技术深度融合,推动为农服务数字化转型

立足新发展阶段,完整、准确、全面贯彻新发展理念,推动供销合作社为农服务的高质量发展,要以数据为关键要素,以数字技术与主流业务深度融合为主线,加强数字基础设施建设,完善数字经济治理体系,协同推进数字产业化和产业数字化,赋能传统产业转型升级,培育新产业、新业态、新模式,不断做强做优做大供销合作社的数字经济,为构建供销合作社的数字化服务提供有力支撑。一是提升装备智能化水平。采用或研究开发智能农机装备专用传感器,农机信息获取、智慧决策、精准作业、农机导航、高效调度、智能诊断、溯源分析和协同作业等技术,推动智能控制、卫星定位、农业物联网、大数据、农机自动驾驶、农业传感等技术与农机装备融合应用,精准种植移栽、施肥施药、嫁接整枝、喂养管理、收获干燥等农业机器人和智能作业装备。二是进一步加快新型庄稼医院体系建设,建设庄稼医院综合服务信息平台,建设组织架构清晰、管理机制明确的庄稼医院体系,逐步实现生产过程规范化、质量控制制度化、生产经营产业化、产品流通品牌化,最终达到庄稼医院可持续发展,实现农产品安全优质生产,形成上下"一张网"、线上线下融合发展的农业生产全程社会化综合服务体系,努力把供销合作社打造成农民生产生活服务综合平台。三是统筹开展"数商兴农"和"数字供销"建设,合力培育农产品电商品牌,共同提升农村电商应用水平。供销合作社积极参与电子商务进农村,推进传统经营服务网点的数字化、智能化改造,拓展农产品电商销售,做实做强区域电商,参与推动扩大农村电商覆

盖面，助力强化县级电商公共服务中心统筹能力，真正加强农业社会化服务。

（五）创新人才发展体制机制，加强为农服务人才队伍建设

以创新人才发展体制机制为核心，构建科学规范、开放包容、运行高效的具有合作经济组织特色的干部人事制度，逐步打造高素质的合作社领军人才、企业经营管理人才、为农服务科技人才、社会工作人才和联合社机关干部人才队伍，为供销合作社深化农业社会化服务提供有力的人才保障。一是充分挖掘现有干部人才资源潜力。供销合作社在长期服务"三农"工作中逐步形成了一支独具特色的干部人才队伍，是供销合作事业改革发展的重要依靠力量。要充分重视调动这支队伍的积极性，立足自身队伍素质的提升和潜力的挖掘，积极谋划，形成鼓励和支持人人都做贡献、人人都能成才，人尽其才、才尽其用的良好局面。二是加强基层人才队伍建设，充实优化基层人才队伍。创新基层用人机制和薪酬机制。实施"供销合作社教育培训工程"，为供销合作社改革发展提供人才支撑。开展省、市、县三级联合社主任轮训。三是加强教育培训，提高广大供销系统干部职工和农民社员素质。加强机关干部、社有企业和高管人才队伍建设，强化教育培训，建设好教育培训基地，加大人才培训力度，开展多种形式的供销合作社干部职工、企业经营管理人才、农民专业合作社带头人和农村实用技能培训，实现培训工作常态化。四是大力选拔和引进事业发展急需的高端人才。采取灵活多样的引进方式，通过招录、调任、专家及团队引进等方式着力引进一批事业发展急需的企业管理、现代物流、电子商务、合作金融等方面的专业人才。充分利用国际合作社联盟的资源，鼓励支持各方面人才更广泛地参加国际交流。五是强化激励，探索建立科学的干部人才考核评价机制。注重发挥市场、专业组织、用人单位等多元评价主体作用，建立以岗位职责为基础，以品德、能力和业绩为导向的干部人才考评机制。强化激励，形成考核结果与薪酬待遇、培养使用挂钩的联动机制。在现有干部人事制度框架内，探索机关、企业、事业、主管社团业务有效对接融合、人才合理使用流动的机制。

第二部分 全国供销合作社基层社建设与服务乡村振兴专题研究

一、供销合作社基层社建设的主要目标、指导思想和重点任务

(一)指导思想

以习近平新时代中国特色社会主义思想为指导,全面贯彻落实《中共中央 国务院关于深化供销合作社综合改革的决定》(中发〔2015〕11号)、《中共中央 国务院关于实施乡村振兴战略的意见》(中发〔2018〕1号)、《乡村振兴战略规划(2018—2022年)》(中发〔2018〕18号)要求,牢固树立新发展理念,坚持为农、务农、姓农的根本要求,坚持稳中求进工作总基调,坚持高质量发展,紧密围绕乡村振兴战略布局,以深化供销合作社综合改革为动力,聚焦基层工作短板和薄弱环节,强化基层工作手段,夯实基层组织基础,创新为农服务方式,提升为农服务效能,加快构建起覆盖面广、适应性强的基层组织体系和综合性、规模化、可持续的为农服务体系,在促进全面建成小康社会和乡村全面振兴中作出积极贡献。

(二)主要目标

到2022年,县及县以下供销合作社基础全面夯实,经济发展能力整体提升,与农民利益联结更紧密,为农服务功能更完备,市场化运行更高效,成为服务乡村振兴的重要力量。

与农民利益联结更紧密。提高基层社发展质量,建成基层社标杆社3000家以上,创新基层组织体系,在有条件的行政村新建基层社1万家以上;领办创

办农民专业合作社 22 万家以上、农民专业合作社联合社 2 万家以上;发展农村综合服务社 45 万家,建成各类星级综合服务社 10 万家,与农民利益联结更加紧密。

为农服务功能更完备。涉农县级供销合作社普遍建成功能完备、特色突出、运作规范的为农服务中心,发展庄稼医院 8 万家,土地托管等服务面积达到 2.5 亿亩,形成供销合作社农业社会化服务标准和规范。农村现代流通骨干作用更加凸显,稳步发展农村合作金融、农村普惠金融服务和供销合作社合作发展基金,广泛参与农村社会治理、面源污染治理,形成供销合作社特色服务品牌和服务优势。

市场化运行更高效。县级联合社初步建立社企分开、上下贯通、整体协调运转的双线运行机制,统筹运营县域资源能力明显增强;社有企业普遍建立现代企业制度,面向市场自主经营、自负盈亏;基层社与农民、村集体经济组织等广泛建立劳动合作、资本合作、土地合作、业务合作等关系。基本建立适应市场经济要求和合作经济组织特点的人才培养机制。

(三)重点任务

坚持以密切与农民利益联结为核心,深入实施"基层组织建设工程"和"千县千社"振兴计划,持续巩固和扩大覆盖面,努力提高基层组织的经营服务水平和市场竞争能力,更好地引导农民、服务农民、发展农民。

1.增强县级联合社统筹发展能力

抓住乡村振兴各类政策密集出台的机遇期,切实增强县级联合社政策协调、协同发展的能力,使供销合作社综合改革目标任务更好融入《乡村振兴战略规划(2018—2022 年)》提出的重大工程、重大计划、重大行动。强化县级联合社行业指导、组织建设、教育培训等职能,广泛联合农民专业合作社、专业技术协会、龙头企业等主体,共同打造县域为农服务综合平台。强化县基一体化管理,成立社有资产管理委员会,建立社有资产运营平台,落实社有资本经营预算制度,促进社有资产保值增值。加强县级联合社信息化能力建设,实现与涉农领域信息资源共享,转变传统工作方式,提高为农服务效率。进一步推动将综合改革重点任务列入省委、省政府年度督查内容,抓紧落实处理财务挂账、金融债务、职工安置以及土地确权登记、征迁补偿等历史遗留问题。

2. 加快推进基层社提质增效

加快推进基层社分类改造,打造一批具有农民社员主体、自主经营实体、合作经济组织联合体和经济实力强、服务能力强特点的基层社标杆社。适应农业、工贸、休闲等专业化村庄发展趋势和农村集体产权制度改革要求,抓紧在一定人口规模的中心村建设村级基层社,广泛吸纳农民以土地经营权、林权、经营设施等出资入社,与村集体经济组织形成紧密利益联结,实现农民参与、农民出资、农民受益。支持有条件的地区以市、县为单位综合改造基层社经营设施,盘活低效闲置资产,拓展经营服务功能。支持具备一定经济实力的基层社打造城乡商贸综合服务体,融入农民生活圈、服务圈、商业圈建设。推进基层社与农民专业合作社融合发展,增强合作经济组织属性,完善内部治理结构,落实"三会"制度,实现民主管理、民主监督。开展深度贫困地区、边疆民族地区基层社对口帮扶工作,通过地区合作、强社带弱社等途径,提高基层社组织带动农民脱贫致富的能力。发挥全国基层供销合作社管理平台作用,对基层社实行建档立卡、一社一册、动态管理。

3. 持续提升农民专业合作带动能力

认真贯彻实施新修订的《农民专业合作社法》,推进农民专业合作社加快发展、加强规范、加大联合。鼓励基层社、社有企业直接出资入股,与村集体经济组织、农民共同创办多种类型的农民专业合作社,加快发展一批农村股份合作社、乡村旅游合作社、文化合作社、消费合作社、农村公共管理合作社。引导农民专业合作社与小农户建立契约型、股权型利益联结机制,增强服务小农户、提高小农户、富裕小农户的能力。深入开展农民专业合作社示范社创建,建立健全运行监测体系,建立发展质量评估和定期监测淘汰机制。大力创办农民专业合作社综合服务中心,为农民专业合作社和各类新型农业经营主体提供代理记账、档案管理、政务代办、项目申报、资金互助等多种服务。加快发展农民专业合作社联合社,打造一批经营能力强、服务范围广、管理运营好的农民专业合作社联合社。积极探索推进地方各级供销合作社联合社与区域性农民专业合作社联合社深度融合、一体化发展。

4. 大力发展城乡社区综合服务

深入推进农村综合服务社提质扩面,按照《农村综合服务社规范》和《农村综合服务社星级划分与评定》标准,加快打造一批建设标准高、服务功能全、群众评价好的星级综合服务社,为农民提供"一门式办理""一站式服务",促进农村公共服务均等化。推动基层社、社有企业与农村综合服务社形成紧密的业务联结和产权合作,结合新型农村社区建设、村居搬迁拆并、贫困村易地搬迁等实际,及时优化调整农村综合服务社布局,做到"农民在哪里,供销合作社的服务就跟进到哪里"。重点支持边疆民族地区农村综合服务社建设,满足农牧民生产生活需要。积极融入乡村便民服务体系建设,承接政府购买服务等各类公益性服务,聚合拓展多种经营服务功能,为农村居民提供生活消费、农业生产、文体娱乐、养老幼教、就业培训等多样化便民服务。

5.深入开展生产、供销、信用"三位一体"综合合作

发挥供销合作社骨干作用,推动"三位一体"综合合作向更大范围、更深层次发展,丰富服务内涵,提升服务功能,扩大服务领域。加快内部资源整合,在生产、流通、资金等方面发挥供销合作社优势,带动农民开展生产合作、消费合作、信用合作,完善多重合作服务功能。加强外部业务协作,支持有条件的地方建立供销合作社、农民专业合作社、农村信用合作社融合发展机制,实现三类合作组织业务协同、功能叠加、服务互补。着力打造区域性的综合合作体系,完善产业经营服务,拓展资本经营服务,承接政府委托服务,引导产业链、服务链、创新链各个环节融合互通,使参与各方共同受益,实现服务功能体系化、规模化。因地制宜推进农村合作经济组织联合会建设,引导农村各类合作经济组织和农村经纪人队伍健康发展。

二、全面推进乡村振兴加快农业农村现代化的重点任务

(一)实现巩固拓展脱贫攻坚成果同乡村振兴有效衔接

(1)设立衔接过渡期。脱贫攻坚目标任务完成后,对摆脱贫困的县,从脱贫之日起设立5年过渡期,做到扶上马送一程。过渡期内保持现有主要帮扶政策总体稳定,并逐项分类优化调整,合理把握节奏、力度和时限,逐步实现由集中资源支持脱贫攻坚向全面推进乡村振兴平稳过渡,推动"三农"工作重心历史性转移。抓紧出台各项政策完善优化的具体实施办法,确保工作不留空当、政策不留空白。

(2)持续巩固拓展脱贫攻坚成果。健全防止返贫动态监测和帮扶机制,对易返贫致贫人口及时发现、及时帮扶,守住防止规模性返贫底线。以大中型集中安置区为重点,扎实做好易地搬迁后续帮扶工作,持续加大就业和产业扶持力度,继续完善安置区配套基础设施、产业园区配套设施、公共服务设施,切实提升社区治理能力。加强扶贫项目资产管理和监督。

(3)接续推进脱贫地区乡村振兴。实施脱贫地区特色种养殖业提升行动,广泛开展农产品产销对接活动,深化拓展消费帮扶。持续做好有组织劳务输出工作。统筹用好公益岗位,对符合条件的就业困难人员进行就业援助。在农业农村基础设施建设领域推广以工代赈方式,吸纳更多脱贫人口和低收入人口就地就近就业。在脱贫地区重点建设一批区域性和跨区域重大基础设施工程。加大对脱贫县乡村振兴支持力度。在西部地区脱贫县中确定一批国家乡村振兴重点帮扶县集中支持。支持各地自主选择部分脱贫县作为乡村振兴重点帮扶县。坚持和完善东西部协作和对口支援、社会力量参与帮扶等机制。

(4)加强农村低收入人口常态化帮扶。开展农村低收入人口动态监测,实行分层分类帮扶。对有劳动能力的农村低收入人口,坚持开发式帮扶,帮助其提高内生发展能力,发展产业、参与就业,依靠双手勤劳致富。对脱贫人口中丧失劳动能力且无法通过产业就业获得稳定收入的人口,以现有社会保障体系为基础,按规定纳入农村低保或特困人员救助供养范围,并按困难类型及时给予专项救助、临时救助。

(二)加快推进农业现代化

(1)提升粮食和重要农产品供给保障能力。地方各级党委和政府要切实扛起粮食安全政治责任,实行粮食安全党政同责。深入实施重要农产品保障战略,完善粮食安全省长责任制和"菜篮子"市长负责制,确保粮、棉、油、糖、肉等供给安全。"十四五"时期各省(自治区、直辖市)要稳定粮食播种面积、提高单产水平。加强粮食生产功能区和重要农产品生产保护区建设。建设国家粮食安全产业带。稳定种粮农民补贴,让种粮有合理收益。坚持并完善稻谷、小麦最低收购价政策,完善玉米、大豆生产者补贴政策。深入推进农业结构调整,推动品种培优、品质提升、品牌打造和标准化生产。鼓励发展青贮玉米等优质饲草饲料,稳定大豆生产,多措并举发展油菜、花生等油料作物。健全产粮大县支持政策体系。扩大稻谷、小麦、玉米三大粮食作物完全成本保险和收入保险试点范围，支持有条件的省份降低产粮大县三大粮食作物农业保险保费县级补贴比例。深入推进优质粮食工程。加快构建现代养殖体系，保护生猪基础产能，健全生猪产业平稳有序发展长效机制，积极发展牛羊产业，继续实施奶业振兴行动，推进水产绿色健康养殖。推进渔港建设和管理改革。促进木本粮油和林下经济发展。优化农产品贸易布局，实施农产品进口多元化战略，支持企业融入全球农产品供应链。保持打击重点农产品走私高压态势。加强口岸检疫和外来入侵物种防控。开展粮食节约行动，减少生产、流通、加工、存储、消费环节粮食损耗浪费。

(2) 打好种业翻身仗。农业现代化，种子是基础。加强农业种质资源保护开发利用，加快第三次农作物种质资源、畜禽种质资源调查收集，加强国家作物、畜禽和海洋渔业生物种质资源库建设。对育种基础性研究以及重点育种项目给予长期稳定支持。加快实施农业生物育种重大科技项目。深入实施农作物和畜禽良种联合攻关。实施新一轮畜禽遗传改良计划和现代种业提升工程。尊重科学、严格监管，有序推进生物育种产业化应用。加强育种领域知识产权保护。支持种业龙头企业建立健全商业化育种体系，加快建设南繁硅谷，加强制种基地和良种繁育体系建设，研究重大品种研发与推广后补助政策，促进育繁推一体化发展。

(3) 坚决守住18亿亩耕地红线。统筹布局生态、农业、城镇等功能空间，科学划定各类空间管控边界，严格实行土地用途管制。采取"长牙齿"的措施，落实最严格的耕地保护制度。严禁违规占用耕地和违背自然规律绿化造林、挖湖造景，严格控制非农建设占用耕地，深入推进农村乱占耕地建房专项整治行动，坚决遏制耕地"非农化"、防止"非粮化"。明确耕地利用优先序，永久基本农田重点用于粮食特别是口粮生产，一般耕地主要用于粮食和棉、油、糖、蔬菜等农产品及饲草饲料生产。明确耕地和永久基本农田不同的管制目标和管制强度，严格控制耕地转为林地、园地等其他类型农用地，强化土地流转用途监管，确保耕地数量不减少、质量有提高。实施新一轮高标准农田建设规划，提高建设标准和质量，健全管护机制，多渠道筹集建设资金，中央和地方共同加大粮食主产区高标准农田建设投入，2021年建设1亿亩旱涝保收、高产稳产高标准农田。在高标准农田建设中增加的耕地作为占补平衡补充耕地指标在省域内调剂，所得收益用于高标准农田建设。加强和改进建设占用耕地占补平衡管理，严格新增耕地核实认定和监管。健全耕地数量和质量监测监管机制，加强耕地保护督察和执法监督，开展"十三五"时期省级政府耕地保护责任目标考核。

（4）强化现代农业科技和物质装备支撑。实施大中型灌区续建配套和现代化改造。到2025年全部完成现有病险水库除险加固。坚持农业科技自立自强，完善农业科技领域基础研究稳定支持机制，深化体制改革，布局建设一批创新基地平台。深入开展乡村振兴科技支撑行动。支持高校为乡村振兴提供智力服务。加强农业科技社会化服务体系建设，深入推行科技特派员制度。打造国家热带农业科学中心。提高农机装备自主研制能力，支持高端智能、丘陵山区农机装备研发制造，加大购置补贴力度，开展农机作业补贴。强化动物防疫和农作物病虫害防治体系建设，提升防控能力。

（5）构建现代乡村产业体系。依托乡村特色优势资源，打造农业全产业链，把产业链主体留在县城，让农民更多分享产业增值收益。加快健全现代农业全产业链标准体系，推动新型农业经营主体按标生产，培育农业龙头企业标准"领跑者"。立足县域布局特色农产品产地初加工和精深加工，建设现代农业产业园、农业产业强镇、优势特色产业集群。推进公益性农产品市场和农产品流通骨干网络建设。开发休闲农业和乡村旅游精品线路，完善配套设施。推进农村一二三产业融合发展示范园和科技示范园区建设。把农业现代化示范区作为推进农业现代化的重要抓手，围绕提高农业产业体系、生产体系、经营体系现代化水平，建立指标体系，加强资源整合、政策集成，以县（市、区）为单位开展创建，到2025年创建500个左右示范区，形成梯次推进农业现代化的格局。创建现代林业产业示范区。组织开展"万企兴万村"行动。稳步推进反映全产业链价值的农业及相关产业统计核算。

（6）推进农业绿色发展。实施国家黑土地保护工程，推广保护性耕作模式。健全耕地休耕轮作制度。持续推进化肥农药减量增效，推广农作物病虫害绿色防控产品和技术。加强畜禽粪污资源化利用。全面实施秸秆综合利用和农膜、农药包装物回收行动，加强可降解农膜研发推广。在长江经济带、黄河流域建设一批农业面源污染综合治理示范县。支持国家农业绿色发展先行区建设。加强农产品质量和食品安全监管，发展绿色农产品、有机农产品和地理标志农产品，试行食用农产品达标合格证制度，推进国家农产品质量安全县创建。加强水生生物资源养护，推进以长江为重点的渔政执法能力建设，确保十年禁渔令有效落实，做好退捕渔民安置保障工作。发展节水农业和旱作农业。推进荒漠化、石漠化、坡耕地水土流失综合治理和土壤污染防治、重点区域地下水保护与超采治理。实施水系连通及农村水系综合整治，强化河湖长制。巩固退耕还林还草成果，完善政策、有序推进。实行林长制。科学开展大规模国土绿化行动。完善草原生态保护补助奖励政策，全面推进草原禁牧轮牧休牧，加强草原鼠害防治，稳步恢复草原生态环境。

（7）推进现代农业经营体系建设。突出抓好家庭农场和农民合作社两类经营主体，鼓励发展多种形式适度规模经营。实施家庭农场培育计划，把农业规模经营户培育成有活力的家庭农场。推进农民合作社质量提升，加大对运行规范的农民合作社扶持力度。发展壮大农业专业化社会化服务组织，将先进适用的品种、投入品、技术、装备导入小农户。支持市场主体建设区域性农业全产业链综合服务中心。支持农业产业化龙头企业创新发展、做大做强。深化供销合作社综合改革，开展生产、供销、信用"三位一体"综合合作试点，健全服务农民生产生活综合平台。培育高素质农民，组织参加技能评价、学历教育，设立专门面向农民的技能大赛。吸引城市各方面人才到农村创业创新，参与乡村振兴和现代农业建设。

（三）大力实施乡村建设行动

（1）加快推进村庄规划工作。2021年基本完成县级国土空间规划编制，明确村庄布局分类。积极有序推进"多规合一"实用性村庄规划编制，对有条件、有需求的村庄尽快实现村庄规划全覆盖。对暂时没有规划编制的村庄，严格按照县乡两级国土空间规划中确定的用途管制和建设管理要求进行建设。编制村庄规划要立足现有基础，保留乡村特色风貌，不搞大拆大建。按照规划有序开展各项建设，严肃查处违规乱建行为。健全农房建设质量安全法律法规和监管体制，3年内完成安全隐患排查整治。完善建设标准和规范，提高农房设计水平和建设质量。继续实施农村危房改造和地震高烈度设防地区农房抗震改造。加强村庄风貌引导，保护传统村落、传统民居和历史文化名村名镇。加大农村地区文化遗产遗迹保护力度。乡村建设是为农民而建，要因地制宜、稳扎稳打，不刮风搞运动。严格规范村庄撤并，不得违背农民意愿、强迫农民上楼居住，把好事办好、把实事办实。

（2）加强乡村公共基础设施建设。继续把公共基础设施建设的重点放在农村，着力推进往农村覆盖、住户延伸。实施农村道路畅通工程。有序实施较大人口规模自然村（组）通硬化路。加强农村资源路、产业路、旅游路和村内主干道建设。推进农村公路建设项目更多向进村入户倾斜。继续通过中央车购税补助地方资金、成品油税费改革转移支付、地方政府债券等渠道，按规定支持农村道路发展。继续开展"四好农村路"示范创建。全面实施路长制。开展城乡交通一体化示范创建工作。加强农村道路桥梁安全隐患排查，落实管养主体责任。强化农村道路交通安全监管。实施农村供水保障工程。加强中小型水库等稳定水源工程建设和水源保护，实施规模化供水工程建设和小型工程标准化改造，有条件的地区还可推进城乡供水一体化，到2025年农村自来水普及率达到88％。完善农村水价水费形成机制和工程长效运营机制。实施乡村清洁能源建设工程。加大农村电网建设力度，全面巩固提升农村电力保障水平。推进燃气下乡，支持建设安全可靠的乡村储气罐站和微管网供气系统。发展农村生物质能源。加强煤炭清洁化利用。实施数字乡村建设发展工程。推动农村千兆光网、第五代移动通信（5G）、移动物联网与城市同步规划建设。完善电信普遍服务补偿机制，支持农村及偏远地区信息通信基础设施建设。加快建设农业农村遥感卫星等天基设施。发展智慧农业，建立农业农村大数据体系，推动新一代信息技术与农业生产经营深度融合。完善农业气象综合监测网络，提升农业气象灾害防范能力。加强乡村公共服务、社会治理等数字化智能化建设。实施村级综合服务设施提升工程。加强村级客运站点、文化体育、公共照明等服务设施建设。

（3）实施农村人居环境整治提升五年行动。分类有序推进农村厕所革命，加快研发干旱、寒冷地区卫生厕所适用技术和产品，加强中西部地区农村户用厕所改造。统筹农村改厕和污水、黑臭水体治理，因地制宜建设污水处理设施。健全农村生活垃圾收运处置体系，推进源头分类减量、资源化处理利用，建设一批有机废弃物综合处置利用设施。健全农村人居环境设施管护机制。有条件的地区还可推广城乡环卫一体化第三方治理。深入推进村庄清洁和绿化行动。开展美丽宜居村庄和美丽庭院示范创建活动。

（4）提升农村基本公共服务水平。建立城乡公共资源均衡配置机制，强化农村基本公共服务供给县乡村统筹，逐步实现标准统一、制度并轨。提高农村教育质量，多渠道增加农村普惠性学前教育资源供给，继续改善乡镇寄宿制学校办学条件，保留并办好必要的乡村小规模学校，在县城和中心镇新建改扩建一批高中和中等职业学校。完善农村特殊教育保障机制。推进县域内义务教育学校校长教师交流轮岗，支持建设城乡学校共同体。面向农民就业创业需求，发展职业技术教育与技能培训，建设一批产教融合基地。开展耕读教育，加快发展面向乡村的网络教育。加大涉农高校、涉农职业院校、涉农学科专业建设力度。全面推进健康乡村建设，提升乡村卫生室标准化建设和健康管理水平，推动乡村医生向执业（助理）医师转变，采取派驻、巡诊等方式提高基层卫生服务水平。提升乡镇卫生院医疗服务能力，选建一批中心卫生院。加强县级医院建设，持续提升县级疾控机构应对重大疫情及突发公共卫生事件能力。加强县域紧密型医共体建设，实行医保总额预算管理。加强妇幼、老年人、残疾人等重点人群健康服务。健全统筹城乡的就业政策和服务体系，推动公共就业服务机构向乡村延伸。深入实施新生代农民工职业技能提升计划。完善统一的城乡居民基本医疗保险制度，合理提高政府补助标准和个人缴费标准，健全重大疾病医疗保险和救助制度。落实城乡居民基本养老保险待遇确定和正常调整机制。推进城乡低保制度统筹发展，逐步提高特困人员供养服务质量。加强对农村留守儿童和妇女、老年人以及困境儿童的关爱服务。健全县乡村衔接的三级养老服务网络，推动村级幸福院、日间照料中心等养老服务设施建设，发展农村普惠型养老服务和互助性养老。推进农村公益性殡葬设施建设。推进城乡公共文化服务体系一体建设，创新实施文化惠民工程。

（5）全面促进农村消费。加快完善县乡村三级农村物流体系，改造提升农村寄递物流基础设施，深入推进电子商务进农村和农产品出村进城，推动城乡生产与消费有效对接。促进农村居民耐用消费品更新换代。加快实施农产品仓储保鲜冷链物流设施建设工程，推进田头小型仓储保鲜冷链设施、产地低温直销配送中心、国家骨干冷链物流基地建设。完善农村生活性服务业支持政策，发展线上线下相结合的服务网点，推动便利化、精细化、品质化发展，满足农村居民消费升级需要，吸引城市居民下乡消费。

（6）加快县域内城乡融合发展。推进以人为核心的新型城镇化，促进大中小城市和小城镇协调发展。把县域作为城乡融合发展的重要切入点，强化统筹谋划和顶层设计，破除城乡分割的体制弊端，加快打通城乡要素平等交换、双向流动的制度性通道。统筹县域产业、基础设施、公共服务、基本农田、生态保护、城镇开发、村落分布等空间布局,强化县城综合服务能力,把乡镇建设成服务农民的区域中心,实现县乡村功能衔接互补。壮大县域经济,承接适宜产业转移,培育支柱产业。加快小城镇发展,完善基础设施和公共服务,发挥小城镇连接城市、服务乡村作用。推进以县城为重要载体的城镇化建设,有条件的地区按照小城市标准建设县城。积极推进扩权强镇,规划建设一批重点镇。开展乡村全域土地综合整治试点。推动在县域就业的农民工就地市民化,增加适应进城农民刚性需求的住房供给。鼓励地方建设返乡入乡创业园和孵化实训基地。

(7)强化农业农村优先发展投入保障。继续把农业农村作为一般公共预算优先保障领域。中央预算内投资进一步向农业农村倾斜。制定落实提高土地出让收益用于农业农村比例考核办法,确保按规定提高用于农业农村的比例。各地区各部门要进一步完善涉农资金统筹整合长效机制。支持地方政府发行一般债券和专项债券用于现代农业设施建设和乡村建设行动,制定出台操作指引,做好高质量项目储备工作。发挥财政投入引领作用,支持以市场化方式设立乡村振兴基金,撬动金融资本、社会力量参与,重点支持乡村产业发展。坚持为农服务宗旨,持续深化农村金融改革。运用支农支小再贷款、再贴现等政策工具,实施最优惠的存款准备金率,加大对机构法人在县域、业务在县域的金融机构的支持力度,推动农村金融机构回归本源。鼓励银行业金融机构建立服务乡村振兴的内设机构。明确地方政府监管和风险处置责任,稳妥规范开展农民合作社内部信用合作试点。保持农村信用合作社等县域农村金融机构法人地位和数量总体稳定,做好监督管理、风险化解、深化改革工作。完善涉农金融机构治理结构和内控机制,强化金融监管部门的监管责任。支持市县构建域内共享的涉农信用信息数据库,用3年时间基本建成比较完善的新型农业经营主体信用体系。发展农村数字普惠金融。大力开展农户小额信用贷款、保单质押贷款、农机具和大棚设施抵押贷款业务。鼓励开发专属金融产品支持新型农业经营主体和农村新产业新业态,增加首贷、信用贷。加大对农业农村基础设施投融资的中长期信贷支持。加强对农业信贷担保放大倍数的量化考核,提高农业信贷担保规模。将地方优势特色农产品保险以奖代补做法逐步扩大到全国。健全农业再保险制度。发挥"保险+期货"在服务乡村产业发展中的作用。

(8)深入推进农村改革。完善农村产权制度和要素市场化配置机制,充分激发农村发展内生动力。坚持农村土地农民集体所有制不动摇,坚持家庭承包经营基础性地位不动摇,有序开展第二轮土地承包到期后再延长30年试点,保持农村土地承包关系稳定并长久不变,健全土地经营权流转服务体系。积极探索实施农村集体经营性建设用地入市制度。完善盘活农村存量建设用地政策,实行负面清单管理,优先保障乡村产业发展、乡村建设用地。根据乡村休闲观光等产业分散布局的实际需要,探索灵活多样的供地新方式。加强宅基地管理,稳慎推进农村宅基地制度改革试点,探索宅基地所有权、资格权、使用权分置有效实现形式。规范开展房地一体宅基地日常登记颁证工作。规范开展城乡建设用地增减挂钩,完善审批实施程序、节余指标调剂及收益分配机制。2021年基本完成农村集体产权制度改革阶段性任务,发展壮大新型农村集体经济。保障进城落户农民土地承包权、宅基地使用权、集体收益分配权,研究制定依法自愿有偿转让的具体办法。加强农村产权流转交易和管理信息网络平台建设,提供综合性交易服务。加快农业综合行政执法信息化建设。深入推进农业水价综合改革。继续深化农村集体林权制度改革。

(四)加强党对"三农"工作的全面领导

(1)强化五级书记抓乡村振兴的工作机制。全面推进乡村振兴的深度、广度、难度都不亚于脱贫攻坚,必须采取更有力的举措,汇聚更强大的力量。要深入贯彻落实《中国共产党农村工作条例》,健全中央统筹、省负总责、市县乡抓落实的农村工作领导体制,将脱贫攻坚工作中形成的组织推动、要素保障、政策支持、协作帮扶、考核督导等工作机制,根据实际需要运用到推进乡村振兴,建立健全上下贯通、精准施策、一抓到底的乡村振兴工作体系。省、市、县级党委要定期研究乡村振兴工作。县委书记要把主要精力放在"三农"工作上。建立乡村振兴联系点制度,省、市、县级党委和政府负责同志都要确定联系点。开展县乡村三级党组织书记乡村振兴轮训。加强党对乡村人才工作的领导,将乡村人才振兴纳入党委人才工作总体部署,健全适合乡村特点的人才培养机制,强化人才服务乡村激励约束。加快建设政治过硬、本领过硬、作风过硬的乡村振兴干部队伍,选派优秀干部到乡村振兴一线岗位,把乡村振兴作为培养锻炼干部的广阔舞台,对在艰苦地区、关键岗位工作表现突出的干部优先重用。

(2)加强党委农村工作领导小组和工作机构建设。充分发挥各级党委农村工作领导小组牵头抓总、统筹协调作用,成员单位出台重要涉农政策要征求党委农村工作领导小组意见并进行备案。各地要围绕"五大振兴"目标任务,设立由党委和政府负责同志领导的专项小组或工作专班,建立落实台账,压实工作责任。强化党委农村工作领导小组办公室决策参谋、统筹协调、政策指导、推动落实、督促检查等职能,每年分解"三农"工作重点任务,落实到各责任部门,定期调度工作进展。加强党委农村工作领导小组办公室机构设置和人员配置。

(3)加强党的农村基层组织建设和乡村治理。充分发挥农村基层党组织领导作用,持续抓党建促乡村振兴。有序开展乡镇、村集中换届,选优配强乡镇领导班子、村"两委"成员特别是村党组织书记。在有条件的地方积极推行村党组织书记通过法定程序担任村民委员会主任,因地制宜、不搞"一刀切"。与换届同步选优配强村务监督委员会成员,基层纪检监察组织加强与村务监督委员会的沟通协作、有效衔接。坚决惩治侵害农民利益的腐败行为。坚持和完善向重点乡村选派驻村第一书记和工作队制度。加大在优秀农村青年中发展党员力度,加强对农村基层干部激励关怀,提高工资补助待遇,改善工作生活条件,切实帮助解决实际困难。推进村委员会规范化建设和村务公开"阳光工程"。开展乡村治理试点示范创建工作。创建民主法治示范村,培育农村学法用法示范户。加强乡村人民调解组织队伍建设,推动就地化解矛盾纠纷。深入推进平安乡村建设。建立健全农村地区扫黑除恶常态化机制。加强县乡村应急管理和消防安全体系建设,做好对自然灾害、公共卫生、安全隐患等重大事件的风险评估、监测预警、应急处置。

(4)加强新时代农村精神文明建设。弘扬和践行社会主义核心价值观,以农民群众喜闻乐见的方式,深入开展习近平新时代中国特色社会主义思想学习教育。拓展新时代文明实践中心建设,深化群众性精神文明创建活动。建强用好县级融媒体中心。在乡村深入开展"听党话、感党恩、跟党走"宣讲活动。深入挖掘、继承创新优秀传统乡土文化,把保护传承和开发利用结合起来,赋予中华农耕文明新的时代内涵。持续推进农村移风易俗,推广积分制、道德评议会、红白理事会等做法,加大高价彩礼、人情攀比、厚葬薄养、铺张浪费、封建迷信等不良风气治理,推动形成文明乡风、良好家风、淳朴民风。加大对农村非法宗教活动和境外渗透活动的打击力度,依法制止利用宗教干预农村公共事务。办好中国农民丰收节。

（5）健全乡村振兴考核落实机制。各省（自治区、直辖市）党委和政府每年向党中央、国务院报告实施乡村振兴战略进展情况。对市县党政领导班子和领导干部开展乡村振兴实绩考核，纳入党政领导班子和领导干部综合考核评价内容，加强考核结果应用，注重提拔使用乡村振兴实绩突出的市县党政领导干部。对考核排名落后、履职不力的市县党委和政府主要负责同志进行约谈，建立常态化约谈机制。将巩固拓展脱贫攻坚成果纳入乡村振兴考核。强化乡村振兴督查，创新完善督查方式，及时发现和解决存在的问题，推动政策举措落实落地。持续纠治形式主义、官僚主义，将减轻村级组织不合理负担纳入中央基层减负督查重点内容。坚持实事求是、依法行政，把握好农村各项工作的时效度。加强乡村振兴宣传工作，在全社会营造共同推进乡村振兴的浓厚氛围。

三、供销合作社在实施乡村振兴战略中的独特作用分析

实施乡村振兴战略，是以习近平同志为核心的党中央着眼党和国家事业全局，立足现阶段我国国情、农情作出的战略部署。供销合作社是党领导下的为农服务的综合性合作经济组织，长期扎根农村、贴近农民，形成了比较完整的组织体系、比较健全的经营网络、比较完备的服务功能，培养造就了一支懂农业、爱农村、爱农民的"三农"工作队伍，是推动我国农业农村发展的重要力量，在参与和服务乡村振兴中具有独特优势。

（一）供销社参与和服务乡村振兴是必然选择

一是参与和服务乡村振兴是党中央对供销合作社的要求。习近平总书记对供销合作社工作作出重要指示，要求供销合作社努力为推进乡村振兴贡献力量。这为供销合作社参与和服务乡村振兴提出了明确的要求，发出了动员令。供销合作社要切实增强"四个意识"、坚定"四个自信"、做到"两个维护"，以习近平总书记的重要指示为根本遵循，主动融入乡村振兴战略大局，努力在乡村振兴中有所作为。

二是参与和服务乡村振兴是供销合作社的法定权利和法定义务。近期颁布的《中华人民共和国乡村振兴促进法》第二十三条规定：各级人民政府应当深化供销合作社综合改革，鼓励供销合作社加强与农民利益联结，完善市场运作机

制，强化为农服务功能，发挥其为农服务综合性合作经济组织的作用。《中华人民共和国乡村振兴促进法》的出台，为供销合作社参与和服务乡村振兴赋予了特定的法律地位。参与和服务乡村振兴，既是供销合作社的法定权利，也是法定义务。

三是参与和服务乡村振兴是供销合作社的基本职责。供销合作社是为农服务的合作经济组织，乡村振兴战略是新时代"三农"工作的总抓手。供销合作社必须着眼于加快推进农业农村现代化这个"总目标"，牢固树立"总抓手"意识，积极投身新时代乡村振兴的伟大实践，切实履行好参与和服务乡村振兴中的工作职责。

四是参与和服务乡村振兴是供销合作社改革发展的迫切要求。供销合作社要认真践行为农服务的根本宗旨，牢牢把握乡村振兴战略机遇，主动在参与和服务乡村振兴中找准定位，积极寻求供销合作社工作与乡村振兴的最佳契合点，主动担当作为，在参与和服务乡村振兴中求生存、谋发展。

(二)供销合作社在参与和服务乡村振兴中具有独特优势

第一，政治优势。重视和加强供销合作事业，始终是党做好"三农"工作的传统和优势。供销合作社坚持党的领导，认真履行为农服务职责，持续深化综合改革，在促进农业农村发展、保障商品供给、服务城乡群众方面作出了重要贡献。实践证明，坚持党的领导，能够确保供销合作社在参与和服务乡村振兴中始终沿着正确的方向顺利前进，这是供销合作社最大的政治优势。

第二，组织优势。供销合作社在多年来的发展中，形成了由全国总社、32个省级社、342个市级社、2408个县级社组成的各层级比较完善的行业指导体系和37726个基层社、166758个城乡社区综合服务社组成的遍布城乡的为农服务网络，其服务覆盖75%以上的行政村，贯穿于农业生产的各个环节，涉及农民生活的方方面面，完全有能力担当服务乡村振兴重任。

第三，经营优势。供销合作社的经营服务领域广泛，涉及农业社会化服务的全过程，形成了完整的经营服务体系和产业链条，在服务"三农"领域作用独特。供销合作社的合作经济组织属性，决定了其与党政部门有着本质的区别，通过经济的手段开展经营性和公益性的服务，在密切与农民利益联结方面有着独特优势。供销合作社领办创办了数量庞大的农民专业合作社，在培育产业发展方面作用独特。随着综合改革的深入推进,电子商务等信息化服务方式在供销合作社系统广泛应用,形成了线上线下融合发展的优势。

第四,政策优势。《中共中央 国务院关于深化供销合作社综合改革的决定》(中发〔2015〕11号)文件的出台,为供销合作社参与和服务乡村振兴提供了最大的政策机遇。特别是经营服务领域的拓宽,如发展合作金融、开展土地托管服务、电子商务等服务方式的拓展,为供销合作社在参与和服务乡村振兴中开拓了广阔的天地。供销合作社承担着农资、棉花等国家储备任务,可以有效发挥宏观调控作用,在保障农资、农产品安全,降低农业生产成本方面作用独特。

(三)供销合作社参与和服务乡村振兴的实现路径

1.以经营服务带动农村集体经济发展

供销合作社与农村集体经济组织协同推进集体经济发展中,双方签订合同,然后供销合作社按照合同规定为农村集体经济组织提供所需的商品或服务。早在1953年,浙江省新仓供销合作社与农业生产合作社签订购销结合合同,将供应生产资料和销售农副产品有机地结合起来,增加了农民的收入,该做法被毛泽东主席批示成为"新仓经验"。供销合作社农资供应、农产品流通等企业提供的服务与农民的需求是耦合的,可以与农村集体经济组织建立起业务合作关系,从而将供销合作社的流通网络优势与农村集体经济组织的生产经营优势有机结合起来,帮助农村集体经济组织和农户解决销售不畅、资金短缺、技术缺乏等问题。农村集体经济组织则可以把确权后农村集体和农民手中的资源与资产从原来不充分利用转变为发展农业产业,并借助供销合作社提供的农业社会化服务或农产品销售渠道销售出去,让农民从生产、加工、流通各个环节中获得更多收益。而政府通过项目支持、用地用电、绩效考核以及其他奖励等,使供销合作社与农村集体经济组织能够以更低的成本达成契约,通过业务合作带动农村集体经济发展。如莒南县供销合作社联合筵宾镇13个村集体建设18处液体加肥站,不仅带动了周边农户使用液体肥,还给予每个村土地使用费0.2万元以及根据液体肥供应量给予农村集体经济组织一定的组织服务费,帮助村均增加集体收入近4万元。在帮助农户解决农产品销售方面,莒南县供销合作社组织直属日用品超市、电商企业以及农产品加工企业,与45个村集体、农民合作社和家庭农场等签订采购协议,有效解决了当地农产品能生产无销路、有市场无批量等产销问题,让农民生产的产品卖得出并卖上好价钱。

供销合作社还可以通过资源合作的方式与农村集体经济组织一起搭建为农综合服务平台,为农民提供多元化便捷服务。如莒南县郝家村社区服务中心是由石莲子镇供销合作社出资,村集体出地合作建设的集办公、农资超市、日用品超市于一体的综合服务平台,既盘活了农村集体低效闲置土地,解决了村集体办公场所不足的问题,还以较低的成本搭建起了供销合作社为农服务的前沿阵地,农民利用家门口的综合服务社获得了便捷的生产生活服务。

对于大部分农区而言,受限于地理区位、资源禀赋和资金积累,农村集体经济组织想发展产业壮大集体经济是十分困难的,通过与供销合作社建立业务合作关系,可以将有限的资源和要素投入农业生产环节,把自己不擅长的产前和产后环节剥离出去,交给供销合作社承担,从而农业产业链上不同环节的两类主体形成了纵向分工协作关系,共同分享农业价值链剩余。在供销合作社直接服务于农户的地方,可以与农村集体经济组织合作形成"供销合作社＋农村集体经济组织＋农户"的模式。农村集体经济组织负责协调农户,实现土地集中连片耕种或产品统一收集和销售,从而减少供销合作社的谈判成本和经济成本,农村集体经济组织和农户也能从中获得更多实惠。需要说明的是,供销合作社以经营服务的方式带动农村集体经济发展,可能并不是有意为之,而是供销合作社在服务小农户的过程中,为了发挥农村集体经济组织在组织农民和调动农村资源等方面的优势,降低与分散农户的交易成本,从而选择与农村集体经济组织合作,让渡一部分利益给农村集体经济组织。

2.联合农村集体经济组织入股组建市场主体

《乡村振兴战略规划(2018—2022)》提出"引导农村集体经济组织挖掘集体土地、房层、设施等资源和资产潜力,依法通过股份制、合作制、股份合作制、租赁等形式,积极参与产业融合发展"。农村集体经济组织最适合的发展模式是股份合作制,它突破传统的集体经济组织边界和所有权的限制,引入外部资本、技术、管理等资源实行多种形式的联合。供销合作社与农村集体经济组织合作,组建土地股份合作社、有限责任公司制的村级供销社等新型经营主体,借助供销合作社为农服务资源将农村集体拥有的各类资产和潜在优势转化为现实的增收能力,带动农村集体经济发展。

供销合作社与农村集体经济组织合作共同组建市场主体,核心是要建立产权清晰、权责明确、利益共享的机制。如莒南县供销合作社在坚持农村土地集体所有权、农户家庭承包权不变的前提下，与农村集体经济组织联合，按照《农民专业合作社法》的要求共同组建土地股份合作社。其中，在登记注册土地股份合作社时，参与各方通过量化出资额进而建立了明晰的产权关系。村集体以农田水利设施及土地连片后增溢的土地经营权入股，农田水利按照入股灌排渠系、车间库房等有形设施造价、完好情况、服务能力、经济效益等因素进行估价折算出资金额。农户按照入股土地的亩数、质量、期限等因素进行估价折算出资金额。供销合作社用资金或设施设备入股，其中入股的农业生产、农产品加工、仓储运输等机械设备根据规格、数量、生产能力、折旧等因素进行股价折算出资金额，货币则按照启动初期资金需求、总股本设定计划，对实际入股现金进行折股量化。各方按照核算出资金额确定持股比例，股权结构清晰。为了确保农民利益最大化，土地股份合作社明确土地经营权股权占比不得低于总股本的60%，设施设备和货币两种股权占股比例分别控制在20%以内。

土地股份组建起来后，莒南县供销合作社为土地股份合作社量身定制作业计划和标准、服务费用等方案，提供耕种、植保、收割、烘干、储存、销售等服务。为了确保农村集体经济组织收入稳定增加，供销合作社与农村集体经济组织构建了具有强约束特征的利益联结机制，即土地股份合作社实行"保底收益＋盈余分红"，其中保底收益只针农户和农村集体经济组织以土地经营权入股部分，参照当地土地流转市场的价格和地理情况按照400～1200元/亩进行保底，最大限度地保障了农民的土地经营收益权。

3.承接政府扶持集体经济发展资金，让农村集体经济组织获得分红收益

供销合作社可以作为政府扶持集体经济发展专项资金的承接方，由政府将扶持集体经济发展专项资金量化到农村集体经济组织后，入股供销合作社直属企业用于发展农特产业。农村集体经济组织通常不直接参与供销合作社企业经营管理，根据入股资金获得企业红利从而增加农村集体经济收入。如临沂市河东区区财政局将用于发展村级集体经济的专项扶持资金股权平均量化给贫困户和村集体后注入到供销合作社经济实体，用于建设肉鸭养殖基地、生态采摘园等扶贫事业，每年给村级集体经济专项资金不低于8%的分红，使当地11个薄弱村、贫困村有了收入来源。

从实践层面看，为了壮大农村集体经济，各地政府目前都有专项扶持资金

支持农村集体经济组织发展种养加工等产业。通常的做法是政府将资金切块给各村集体经济组织，由各村集体经济组织选择合适的项目，或自建或入股当地新型农业经营主体，因此，项目主体的选择对于实现农村集体经济发展至关重要。供销合作社系统拥有各级政府和省以上有关部门认定的农业产业化龙头企业2412个，这些企业长期从事农业生产经营，能够产生稳定的经济效益并具有一定的风险防控能力。相比于其他新型农业经营主体，供销合作社承接政府扶持集体经济发展专项资金，一方面，可以提高财政资金使用效率，避免以"撒胡椒面"的方式分散到每个村，难以建设符合农民需要的项目或者建设的项目收益率很低的问题；另一方面，由于供销合作社的企业具有一定的经济实力，又有品牌优势且具有政府背景，避免了财政资金投入到一些实力弱的小微企业，无法为农村集体经济组织提供持续分红的问题，降低了财政资金使用风险。

4.捐赠资金帮助贫困村产业发展

供销合作社可以采取无偿捐赠的方式帮助农村集体经济组织建立产业基地，特别是在脱贫攻坚的主战场，供销合作社同样承担着扶贫任务，利用自身的资源帮助贫困村发展壮大农村集体经济。由于是无偿捐赠，所形成的固定资产通常被计入农村集体经济组织资产，而供销合作社向农村集体经济组织投入资金后，负责监督项目资金用途和项目进度，通常不参与分红，将全部收益留在农村集体经济组织内部或用于贫困户分红。全国供销合作总社是潜山市定点帮扶单位，以直属企业捐赠的方式帮助潜山市坛畈村发展特色产业，自2016年开始累计投入资金455万元帮助坛畈村打造特色种养和休闲旅游产业。坛畈村集体经济组织利用全国供销合作总社帮扶资金以及自身闲置土地建成了165KW的光伏电站，占地近10亩的食用菌大棚和烘干仓储设施，兴建了900平方米百姓大食堂和300多平方米的茶叶加工厂，流转8个村民组抛荒地集中连片建起了600亩良种茶园，形成的资产全部都成为村集体经济组织的经营性资产。截至2020年年底，光伏电站、食用菌基地和茶厂等已经开始产生效益，每年为村集体经济组织增加收入近20万元，短短几年间农村集体经济收入就实现了翻番。当地村民则通过流转土地到扶贫基地以及在扶贫基地务工等也能够获得收入，带动了建档立卡贫困户脱贫增收，2018年年底实现整村出列。需要说明的是，以捐赠资金的方式发展贫困村集体经济，只能视各地供销合作社实际情况来确定捐赠额度，有的地方是利用供销合作社"新网工程"项目资金支持贫困村产业发展。

第三部分 全国供销合作社土地托管专题研究

一、改革开放以来中国土地托管政策梳理

改革开放以来,我国先后经历了从以家庭联产承包责任制为主要形式的"两权分离"农地制度到多元化发展模式下的"三权分离"农地制度这两大农业发展过程。改革开放早期政策演变过程的主线索是,如何在农地所有权不变的情况下激活农户生产力,同时有助于实现农业适度规模经营,推动农业现代化发展,从而梳理土地托管形成前的农业适度规模经营相关政策;而在适度规模经营发展过程中,从发展过程早期的农业土地规模化经营到近几年的服务规模化经营,国家都在不断从实践中汲取经验,稳步探索规模经营路径,实现农业现代化。

(一)实施家庭联产承包责任制初期(1978—1987年)

1978年安徽省凤阳县小岗村首先开展家庭联产承包责任制,粮食取得了大丰收,邓小平同志于1980年公开肯定了小岗村的做法,1982年第1个关于农村工作的一号文件正式出台,这是我国第一次以中央一号文件的形式颁布有关农村事务政策,确立了家庭联产承包责任制的地位并开启了"两权分离"时代。此时,新中国刚刚经历了一场大饥荒,农村急需一场大改革来改变当前现状,提高农村生产力水平,保障国家基本的粮食安全。家庭联产承包责任制的实施不但开创了"两权分离"的土地制度时代,也激活了农户的种粮积极性,提高了农业产量,增加了农民收入,被认为是中华人民共和国成立以来的一项重要改革。但以家庭联产承包责任制为主要形式所形成的"两权分离"农业生产局面,也成了随后出现农地细碎化以及农地效率低下问题的直接原因,不过"两权分离"对以土地托管服务为主要形式的"三权分离"有着正面的促进效果。

虽然1983—1984年的中央一号文件中国家不断鼓励土地向种粮能手、种田能手集中，并且允许一定条件下的土地转包，但1984年的中央一号文件也强调不允许出租和买卖自己的承包地以及自留地，说明此时国家提出的鼓励土地集中也只是初步倾向，在家庭联产承包责任制的实施过程中是一种特殊对待。这一时期，家庭联产承包责任制所激发的整体效果非常大，同时作为"两权分离"的开端时期，农村劳动力也被充分利用，1979—1984年我国农业总产值增长455.40%，粮食产量由1978年的3.05亿吨增加到1984年的4.07亿吨。对此，部分学者将这种现象解释为微观层面的激励效应，或者说是在市场化体制下将资源再配置形成的效果，但也有学者指出这种家庭组织模式由于分散经营并不存在规模经济效应。随着时间的推移以及农业经济的发展，高度分散的、细碎化的小农生产模式逐渐无法适应农村生产力发展要求，出现了多种约束农业现代化发展的因素，如农地细碎化等。1978—1984年"两权分离"初期，农村生产力被大幅度激活，但是由于土地细碎化农户越来越多，逐渐成为农业现代化发展的桎梏。政策导向逐渐牵引国内农业走向适度规模化经营的发展趋势。1986年中央一号文件提出鼓励发展适度规模的种植专业户，这是国家首次在中央一号文件中提出"适度规模"的概念，是针对家庭联产承包责任制的弊端，进而探寻一种新的方式解决相关问题。同时，1987年中央五号文件强调：目前，国内暂不存在大面积扩大经营的条件，希望在国内部分地区，通过多种不同经营主体的承包、组织多种共同服务等探索，寻求土地集约经营的经验，以及"乡村合作组织主要做好两项工作，一是为农户提供生产服务，二是加强承包合同的管理"。这一阶段，我国开始稳步探索适度规模经营，并尝试推动农业社会化服务以实现一定规模效益。这一时期，国内土地托管的主要特点是与其类似的多种形式如土地转包、代耕代种等在局部地区出现但没有统一的托管模式和相对配套的政策制度，且由于国家政策和实践的相对时间差异性和政策的谨慎性，土地托管类似形式没有得到国家相对重视。不过随后几年在适度规模经营探索的初期，国家连续多次发布相关政策及"决定"发展适度规模经营，而土地托管作为农地规模经营的一种形式在随后农业生产发展的不同阶段都得到了不同程度的重视和探索。

(二)土地托管萌芽期(1988—2007年)

自1986年首次提出发展"适度规模经营的种植专业户"开始,我国逐渐对"适度规模经营的专业户"加以重视,并以此为契机,大范围开始对农业适度规模经营的探索。并于1988年通过宪法修正案,确立了可以依法转让土地使用权。这一举措高度承认了"土地使用权"的合法地位,是我国在探索农业适度规模经营道路上的一个重要里程碑,也是土地托管萌芽期的政策性起点。1990年3月面对农业问题邓小平曾提出要发展适度规模经营及集体经济,并开启了以土地流转为主要形式的适度规模经营探索。1993年11月中共中央、国务院颁布《关于当前农业和农村经济发展的若干政策措施》指出,允许土地使用权依法有偿转让,这一政策明显表明要在稳定土地承包关系30年不变的基础上提出依法有偿转让土地使用权。同时,2003年的《中华人民共和国农村土地承包经营权证管理办法》以及《中华人民共和国农村土地承包法》,2005年的《中华人民共和国农村土地承包经营权流转管理办法》中都进一步完善并大力推动了农地规模经营的发展进程。此后,通过组建多种合作社等方式推进农地规模化经营,尤其是近几年的土地流转,可集约利用土地资源,提高农业生产的规模化、组织化水平和经营效益,使农业竞争力得到增强。1988—2007年国内土地托管的主要特点是出台了大量政策推动适度规模化经营,主要形式为通过土地流转、土地转包等形式向种地能手集中,从而实现农地规模经营。同时,由于国内第二、第三产业发展迅速,农村劳动力不断转移,农户兼业化状态也随之出现,再加上由于传统思想固化,大部分农户存在不赞同流转土地的观念,土地流转出现一些问题。此时,土地托管的出现有效解决了此问题,但由于其发展不成熟、不规范,所以只在部分地区存在,且大部分都是自生自灭的状态。这一时期多地的实践经验表明,"小农户与大市场""小规模与现代化"之间存在着大量矛盾需要解决,核心就在于要破解小农分散生产经营的旧有模式,大力推进农业适度规模经营。从长远来看,大力推动了我国农业从传统分散的经营模式向专业化、组织化、社会化的现代农业经营体系转变,对于推动我国农业走出一条适度规模、产出高效、产品安全、资源相对节约、环境友好的现代农业之路具有重要意义。这一时期我国以探索适度规模经营合理路径为导向,引导出现了代耕代种、土地流转等多种土地规模经营形式,而类似土地托管的服务规模经营因国内农业机械现代化水平不高、覆盖率较低等多种问题因素只局限于小范围区域。

(三)土地托管成长期(2008—2013年)

2008年的陕西薛拓托管公司是可查资料中第1个土地托管案例,且学术界普遍认可是其创造性地开展了土地托管这一模式。所以以2008年作为土地托管成长期的起点,自此全国开始出现大量土地托管的案例,大部分托管模式分为半托管和全托管两种情况。2009年焦作博爱县喜耕田农机合作社、周口市天华农业专业合作社联合社等多种新型农业经营主体的出现,使土地托管在社会市场经济下经受考验并逐渐发展。这一时期国家以探索多种农业适度规模经营路径为线索,以土地流转为主要模式,同时加上多种其他方式的探索,如土地托管等新型发展模式,试图寻找一条适合中国国情的农业现代化道路。期间,国家关于适度规模经营和农业生产社会化服务以及"三权分离"下多种模式的探索逐渐频繁。国家正积极推进土地流转稳步前进探索合适的农地规模经营模式,但在土地流转发展过程中也出现了大量问题,如土地流转价格扭曲、以土地流转之名牟取暴利、大量流转土地因经营不当违约而撂荒等。土地托管对比安徽省小岗村的"大包干"具有相似之处,都是基层农户为了解决所面临的问题,是人民群众智慧的结晶,都是经历了一定时期才得到国家的重视及帮持。虽然这一时期土地托管案例大量涌现,但是大部分托管主体无论是从管理上还是从技术上都有待完善,国家需给予重视。2008年《关于切实加强农业基础建设进一步促进农业发展农民增收的若干意见》指出,支持发展农业生产经营服务组织,为农民提供代耕代种、用水管理和仓储运输等服务,意味着政策导向已经开始转向加强农业生产经营服务组织提供多种农业社会化服务,为今后服务规模经营打下了基础。同时,土地托管作为一种新形式的农业社会化生产服务逐渐得到农户的广泛关注,部分职业新农民等高素质农户在此时期开始形成农业新型经营主体实施土地托管。2008—2013年,土地托管的主要特点是由于土地流转出现价格扭曲、土地流转后农地非农用和土地流转违约撂荒等多种问题催生了土地托管的成长,此时由于土地托管成效较好,达到了降成本、提效益、增产量等多种收益,国内多地出现土地托管案例,从而政府开始关注土地托管,并在初期对部分经营较好的地区进行了实地调研。有关土地托管实践案例有,2009年6月,温家宝总理对长安土地托管情况进行视察,并给予高度认可;

2013年12月下旬，习近平总书记在中央农村工作会议上的讲话中指出，"土地托管、代种代耕以及土地银行等措施，保证了地有人种，这些办法都值得推广"，这是土地托管第一次在国家级重大会议上被国家领导人提及并认可，以此作为土地托管开始得到更加重视的分界线。

（四）土地托管完善期（2014年至今）

2014年中央一号文件首次提出土地托管式服务，土地托管最早是在2014年中共中央办公厅、国务院办公厅印发的61号文件中再提出并推广的。2014年1月19日，中共中央、国务院印发了《关于全面深化农村改革加快推进农业现代化的若干意见》（以下简称《意见》）。《意见》确定，2014年及今后一个时期，要深化农村土地制度改革，以解决好"地怎么种"为导向加快构建新型农业经营体系。《意见》第三部分第18条指出：引导和规范农村集体经营性建设用地入市。在符合规划和用途管制的前提下，允许农村集体经营性建设用地出让、租赁、入股，实行与国有土地同等入市、同权同价，加快建立农村集体经营性建设用地产权流转和增值收益分配制度。《意见》第四部分第23条指出：健全农业社会化服务体系。稳定农业公共服务机构，健全经费保障、绩效考核激励机制。采取财政扶持、税费优惠、信贷支持等措施，大力发展主体多元、形式多样、竞争充分的社会化服务，推行合作式、订单式、托管式等服务模式，扩大农业生产全程社会化服务试点范围。2014年11月20日，国家发布《关于引导农村土地经营权有序流转发展农业适度规模经营的意见》，积极推广农业生产托管以实现规模化生产，大力支持多种农业服务组织，推动供销社与经营主体对接，提高社会农业规模化服务水平，这是土地托管第一次被写入中央文件。2014年土地托管服务第一次被写入中央文件，表明土地托管服务已得到群众的肯定以及国家的重视，此后土地托管逐渐走上规范化以及模式化，全托管、半托管无论是机械化程度还是经济效益等都得到了相应的提高，新型农业经营主体的管理方式、运营机制也在探索中逐渐完善。从土地托管的历史演变来看，土地托管已在全国各地具有一定的实践经验，2014年才写入中央文件，表明国家政策与社会实践之间具有一定的时间间隔。土地托管第一次被写入中央文件，表明已得到真正意义上的政策支持。

2015年中央一号文件《关于加大改革创新力度加快农业现代化建设的若干

意见》正式发布,重点关注新型农业经营体系构建。《意见》第二部分第11条指出:强化农业社会化服务。抓好农业生产全程社会化服务机制创新试点,重点支持为农户提供代耕代收、统防统治、烘干储藏等服务。《意见》第四部分第21条指出:加快构建新型农业经营体系。坚持和完善农村基本经营制度,坚持农民家庭经营主体地位,引导土地经营权规范有序流转,创新土地流转和规模经营方式,积极发展多种形式适度规模经营,提高农民组织化程度。

2016年中央一号文件《关于落实发展新理念加快农业现代化实现全面小康目标的若干意见》发布。《意见》第一部分第5条指出:发挥多种形式农业适度规模经营引领作用。坚持以农户家庭经营为基础,支持新型农业经营主体和新型农业服务主体成为建设现代农业的骨干力量,充分发挥多种形式适度规模经营在农业机械和科技成果应用、绿色发展、市场开拓等方面的引领功能。支持多种类型的新型农业服务主体开展代耕代种、联耕联种、土地托管等专业化、规模化服务。《意见》第五部分第26条指出:稳定农村土地承包关系,落实集体所有权、稳定农户承包权、放活土地经营权,完善"三权分置"办法。

2017年中央一号文件《关于深入推进农业供给侧结构性改革加快培育农业农村发展新动能的若干意见》发布。《意见》第一部分第6条指出:积极发展适度规模经营。大力培育新型农业经营主体和服务主体,通过经营权流转、股份合作、代耕代种、土地托管等多种方式,加快发展土地流转型、服务带动型等多种形式规模经营。

2017年8月,原农业部、国家发展改革委、财政部联合印发《关于加快发展农业生产性服务业的指导意见》。《意见》指出,农业生产托管是服务型规模经营的主要形式,有广泛的适应性和发展潜力。要总结推广一些地方探索形成的土地托管、代耕代种、联耕联种、农业共营制等农业生产托管形式,把发展农业生产托管作为推进农业生产性服务业、带动普通农户发展适度规模经营的主推服务方式,采取政策扶持、典型引领、项目推动等措施,加大支持推进力度。

2018年5月,农业农村部办公厅印发《关于认真做好〈农业农村部 发展改革委 财政部关于加快发展农业生产性服务业的指导意见〉宣传和贯彻工作的通知》,要求各地进一步宣传贯彻相关文件精神,为推动农业生产性服务业和农业生产托管发展营造良好氛围。

2019年,中共中央办公厅、国务院办公厅印发《关于促进小农户和现代农业发展有机衔接的意见》加快推进农业生产托管服务。创新农业生产服务方式，适应不同地区不同产业小农户的农业作业环节需求，发展单环节托管、多环节托管、关键环节综合托管和全程托管等多种托管模式。支持农村集体经济组织、供销合作社专业化服务组织、服务型农民专业合作社等服务主体，面向从事粮棉油糖等大宗农产品生产的小农户开展托管服务。鼓励各地因地制宜选择本地优先支持的托管作业环节，不断提升农业生产托管对小农户服务的覆盖率。加强农业生产托管的服务标准建设、服务价格指导、服务质量监测、服务合同监管，促进农业生产托管规范发展。实施小农户生产托管服务促进工程。农业农村部办公厅、财政部办公厅印发《关于进一步做好农业生产社会化服务工作的通知》，要求重点支持粮棉油糖等大宗农产品，进一步聚焦农业生产托管为主的服务方式，进一步聚焦服务小农户和关键薄弱环节，提高资金使用效益，强化项目规范化管理，加强组织领导，确保政策落地生效。

2020年，为贯彻落实党中央、国务院决策部署，加快培育新型农业经营主体和服务主体，依据中共中央办公厅、国务院办公厅印发的《关于加快构建政策体系培育新型农业经营主体的意见》《关于促进小农户和现代农业发展有机衔接的意见》等有关文件，农业农村部编制了《新型农业经营主体和服务主体高质量发展规划（2020—2022年）》，其中鼓励各地因地制宜选择本地优先支持的托管作业环节，按照相关作业环节市场价格的一定比例给予服务补助，通过价格手段推动财政资金效用传递到服务对象，不断提升农业生产托管对小农户服务的覆盖率。

二、全国供销合作社土地托管发展概况

（一）供销合作社大力发展土地托管服务

农业现代化是中国现代化建设中的最大的短板，能否补齐短板事关全面建设社会主义现代化国家的全局。在"大国小农"的背景下，中国农业现代化的难点是小农户与现代农业发展如何有效衔接，土地托管政策则通过扩大服务规模化的方式解决了这一难题。供销部门具有组织机构健全、为农服务实力较强、长期服务农民的社会基础，具备由"流通服务商"向"托管服务商"转型的天然优

势。2014年以后,土地托管便与供销社综合改革试点联系起来了,成为供销社综合改革的重要切入点。在顶层设计层面,土地托管作为供销社综合改革突破点的重要地位不断在政策上予以明确。2014年的中央一号文件提出"推行托管式等服务模式,积极稳妥开展供销合作社综合改革试点"。2015年中共中央关于深化供销合作社综合改革的政策文件,更是明确提出"供销合作社要由流通服务向土地托管服务延伸"。2020年习近平总书记对供销合作社工作作出了"牢记为农服务根本宗旨,持续深化综合改革,完善体制机制,拓展服务领域"的重要指示,土地托管作为供销社综合改革中"拓展服务领域"的重要内容,理应持续提升其发展质量。2020年《中共中央关于制定国民经济和社会发展第十四个五年规划和二〇三五年远景目标的建议》在"优先发展农业农村,全面推进乡村振兴"一节中明确提出要"健全农业专业化社会化服务体系,发展多种形式适度规模经营"。土地托管已经成为当今中国服务型适度规模经营的主要形式。供销社土地托管的探索实践关系到农业现代化发展和乡村振兴的全面实现。由此可见,中央政府对供销社开展土地托管工作寄予厚望。在项目支持层面,供销社获得了托管项目申请的"唯一性"资格,即只有供销社开展的土地托管项目才可以得到国家财政的支持。自2014年国家支持供销社开展以"为农服务中心建设"为核心的土地托管项目以来,仅2016年和2017年两年,国家农业综合开发土地托管项目资金总额就达到5.51亿元。在基层实践层面,供销社在各级政府的支持下,积极践行为农服务宗旨,大力发展土地托管,2019年年底,全国供销社土地托管面积达到10059.7万亩。截至2020年,供销社全系统土地托管面积达到1.4亿亩,同比增长41.1%。

(二)供销合作社开展土地托管服务的主要模式

土地托管是供销合作社最近几年开发的新业务,有效避免了农民外出打工造成的土地撂荒,同时又不改变土地的农户承包经营权,不改变土地的用途,通过服务规模化实现了农业经营适度规模化。土地托管服务分为"全托管"和"半托管"。全托管有流转式托管、订单式托管、参股式托管三种类型。半托管是一种菜单式托管,围绕代耕代种、统一浇水、病虫害统防统治、统一收获等关键环节提供社会化服务,根据不同的服务收取相应费用。

第三部分　全国供销合作社土地托管专题研究

1."全托管"土地托管服务模式

"全托管"土地托管服务，又称为"保姆式"托管服务。主要是为农户提供全程生产经营环节服务。一般情况下，委托和受托双方需签订服务协议，事先确定种植作物及产量、服务项目、托管费用等信息。全托管服务对服务主体的能力和实力有较高的要求，需要整合农资、农机、农技等各类生产要素，对农民节支增收效果明显。主要是常年外出打工或无劳动能力的农户，将土地委托给托管组织全权管理，托管组织实行从种到收全程服务。全程托管又可分为收益型全托和服务型全托两种。收益型全托是指农民将土地委托给托管组织全权管理，托管组织每年给予农民定额的租金或分红。服务型全托是指产前、产中、产后的"一条龙"服务模式，托管组织收取服务费，并向农户保证达到定额的产量。

山东供销社在总结基层经验的基础上，试点推广"土地股份合作＋全程托管服务"新模式，服务带动农民组建土地股份合作社，整合土地，成方连片种植，叠加新型农机和新技术、新品种推广应用，提高农业科技含量和发展质量，示范带动小农户与现代农业发展有机衔接。因此，与传统的种地方式相比，土地托管是通过专业化服务组织来种地、引领农民以合作社的形式来种地、以先进的农业机械和科技手段来种地，从而深化了农业供给侧结构性改革，改变了碎片化的农业生产方式，促进了农业适度规模经营，为现代农业发展注入了新动能。

2."半托管"土地托管服务模式

半托管服务，又称为"菜单式"托管服务。主要是为农户提供耕、种、管、收、烘干等某个或某些生产经营环节的服务，按实际作业项目结算服务费用。半托管服务相对灵活，也是托管服务的主要方式。例如邢台市内丘县供销社的"庄稼医院＋农户"模式，以农资公司为龙头，以传统"农资供应＋测土施肥＋智能配药＋无人机飞防"为主，针对农业生产某个或几个环节服务的菜单式半托管模式，服务价格比市场价格低10%～15%。

在"半托管"模式下，还有较为特殊的供销社授牌制下土地托管合作模式。因供销社组织长期下沉到乡村，取得了广大农民的信任，且有政企"双线运行机制"，易对接沟通国有企事业单位，有相应的政策支持，目前出现一种新的现象，部分运营田园综合体的农业公司通过取得供销社托管授牌，间接获取供销社信用，通过合作共赢，服务土地托管业态。所谓供销社授牌制下土地托管合作模式主要的表现是农业投资公司与供销社达成框架性合作协议，由供销社授牌成立松散型土地托管企业，实质是提供"半包"服务，为农业投资公司受托管的土地或租赁土地提供服务，供销社基于合作中的了解，协调金融机构为农业投资公司优先提供资金融通保障等工作。实质上来说授牌是一种"行政授权"，授权者供销社对被授权者农业投资公司有指挥和监督的权力，被授权者对授权者有按要求完成任务的义务。对于供销社参与的土地托管组织来说，主要获得了提供机耕、育苗、收割、提供农资等方面的服务及收入，对于农业投资公司主要是获得专业的托管服务后能集中精力投资品的运营，并易于获得融资，特别是季节性、临时性资金需求，更易获得政策性的优惠贷款。供销社与土地托管农业运营公司通过授牌开展合作，在现代农业生态园建设中取得了共赢，供销社的专业服务队获得了稳定的业务来源，土地托管农业经营公司获得农户的信任以及一定量的政策支持，该模式的实践效果为其他农业运营公司多渠道运营提供了借鉴意义。但这种授牌合作方式毕竟属于松散型的框架合作，运营中的绝对主导权还在公司，另外供销社在政策支持公司和协调金融机构支持等方面还存在着法理学上的缺陷，因此如何更好地融合供销社与公司的关系，规避法律缺陷值得进一步加以研究。

（三）供销合作社土地托管服务成效

（1）提高了农业生产效益。土地托管提高了土地经营的规模化、科学化和专业化水平，有效实现了土地集中。在此基础上，合作社成立农机服务队实行专业化统一经营，有效地实现了专业化和规模化经营；此外，合作社还为其成员提供免费的技术培训，包括种植技术、机械使用等项目，以提高合作社的科学种植水平和农业生产效益。同时降低了农业生产成本，保证了农资质量。合作社上连企业、下接农户，并将分散状态的农户组织起来统一购买农资以及农机，减少了中间流通环节，提高了农户的市场地位和谈判能力。一方面降低了农资的价格从而降低农业生产成本，另一方面也有效保证了农资质量。合作社提高了农民的组织化水平，提高了市场地位，有效地降低了生产成本，避免了风险。

（2）促进了劳动力转移，带动了农民增收。合作社通过土地托管方式帮助当地兼业农户种粮，在提高农户种粮收益的同时，为农户节省出更多时间从事非农就业，提高了农户的总收益，带动了农民增收，实现了合作社对入社农户"离乡不丢地，不种有收益"的承诺。从这个意义上讲，土地托管将农民再次从土地上"解放"出来,同时给农户带来了更多的收益。

(3)增加了农田基础设施投资。农田基础设施投资日益减少,现有基础设施破坏、老化严重,得不到有效维护是当前制约农业生产效益提高的重要因素。供销合作社在开展土地托管服务的过程中,十分重视农田基础设施建设,并为此投入大量的资金。农田基础设施建设投资的增加不仅改善了生产条件,也为现代农业生产技术作用的发挥创造了条件,提高了农业生产效益。

(4)有效解决了"谁来种田"的问题。合作社作为重要的农业基层经济组织,能够以专业化的方式解决农业生产经营问题。合作社成立专门的农机服务队、农技服务队和农资服务队,以其专业化和科学化经营水平不仅提高了单产,更重要的是解决了"谁来种田"的问题,通过组织制度创新的方式解决了当前农业生产主体的问题。提高了农业规模化生产,实现农民增收,可以让农民在不离乡守护土地的情况下就业。

(5)带动了区域内农业发展方式的转变。通过开展土地托管服务,实施规模化经营、标准化生产,有力带动了区域内农业的产业化、组织化和园区化发展,加快向产出高效、产品安全、资源节约、环境友好的现代农业转型升级。

(6)促进了农业增效、农民增收。通过开展耕、种、管、收等各个环节的产中服务,不仅较好地解决了农业科技推广"最后一公里"的难题,也有力地促进了农业增效和农民增收。有供销合作社土地托管服务案例显示,通过土地托管服务,亩均可节支增效 400~800 元,经济作物增效达千元以上。

(7)加快了城乡统筹、一体化发展。土地托管后,经营权仍在农民手中,既可保障他们安心外出打工获取务工收入,也能享有农业生产带来的收益,从而有效释放了农村富余劳动力,加快了农民市民化、新型城镇化进程。

(8)促进了农业科技推广应用。供销社土地托管依托专业平台和专业化服务队伍,将新型农业机械、新技术、新品种推广应用融入服务之中,打通了科技推广"最后一公里",实现了农业降成本、增产量、提质量。

(9)推动了一二三产业融合发展。产业融合使多方受益,供销合作社作为土地托管的发起者,来自农业服务业,由供销合作社主导进行土地托管,其根本动力是第三产业与农业融合带来的高效益。通过土地托管服务,吸引农业龙头企业与供销社产权联结、融合发展,推动第一产业实现"接二连三",使更多农产品附加值留在农村、富裕农民。

（10）推动了农业适度规模经营发展。农业适度规模经营适合我国国情，是实现农业现代化的重要途径。近年来，供销合作社通过自身独特优势和综合改革进行托管服务，依靠生产规模、经营规模的扩大，提供"一条龙"产业服务，将原来隔离的分段式农业生产逐步发展为全产业链的集约化生产，通过服务规模化实现了农业经营适度规模化。在推动农业适度规模经营当中发挥了重要作用。

（11）增加了供销社经济收益。开展土地托管服务，不仅使供销社农资经营等传统业务有了更加稳定的市场，而且也在服务中得到合理的回报。同时，也促进了供销社基层组织体系向村居延伸，经营服务体系向田间地头延伸，使供销社在全托或半托服务中得到较高的经济收益。

（12）促进了供销社改革发展。通过开展土地托管，供销社找到了为农服务的突破口，搭建了服务平台，打造了服务队伍，增强了服务能力。通过服务，得到了党委政府和农民的肯定和支持，提升了供销社形象，加快了供销合作社改革发展步伐。

（13）推广了"为农服务中心"的建设。为了更好地服务土地托管，山东省供销社提出了"为农服务中心"的概念，后全国积极学习相关经验。"为农服务中心"作为土地托管和农业社会化综合服务平台，逐步在全国推广建设。建立为农服务中心，整合市场主体服务，对土地托管经营活动进行监督和指导，在托管质量保证、帮助现有托管服务组织提升托管项目实施和过程管理能力、托管农户的权益保障等方面，都将起到很好的促进作用。

（14）助力农业绿色生态可持续发展，实现社会效益、经济效益、生态效益共赢。供销合作社系统在生产托管服务中，积极开展技术指导，引导农民科学施肥、科学防治，采取使用有机肥、配方施肥、高效无毒农药、秸秆还田等方式，逐步改善土壤结构、降低化肥农药施用量，走绿色环保农业发展之路。例如襄汾县供销合作社组建了无人机飞防大队，今年春耕以来，利用26架喷肥洒药无人机，开展飞防作业面积达20万亩。植保无人机的投入使用可以节省农药施用，有效减少了农田土壤与水质污染，且作业时不会留下辙印和损伤作物，不破坏土壤物理结构，不影响作物后期生长，促进农业节本增效。

三、土地托管服务中存在的问题

（一）土地全程托管实施难度大

土地全程托管模式是将土地的整个生产过程全部托管，有些类似土地流转，但属权不变。这就容易让部分农民产生疑虑和不安全的感觉，会让他们感觉到有失去土地的风险。对于那些不是常年在外打工或者是劳动力丧失的农户，几乎所有农民不会选择全程托管模式，这个问题具有相当的普遍性，说明土地托管服务宣传和推广还是没有能够取得农民本质上的认可。通过供销社基层调研发现，土地全程托模式很少见，除了有些常年在外打工或没有劳动力的农户将土地全程委托给合作社或专业服务公司外，大部分农户都选择部分托管模式来对作物进行委托管理。这种情况下，会在一定程度上影响土地服务经营的规模，各农户不同的、分散的服务要求，使作为土地托管主体的供销社在一些地区不能集中连片地进行农业生产经营，导致经营成本增加，经营收入降低，降低了土地托管主体的服务积极性。反向打击农民托管服务积极性，形成恶性循环。

究其原因，主要有以下几个方面：第一，具有劳动力的农户虽然前往城镇打工，但对于技术性低、难度小、消耗时间短的农业生产环节，还是希望能够由自己完成，以节省农业支出，增加农业收入；第二，年龄较大的农户还留有对土地的强烈情怀，不情愿将土地全部委托给他人来管理；第三，部分土地耕作环节容易产生纠纷，农户不放心委托供销合作社来管理。以浇水环节为例，通过调研我们发现，大部分农户都选择自己浇水而不委托合作社进行此项生产环节的委托管理。一是因为浇水环节所需时间特殊、短暂，错过特定的浇水时间段就会对农业产量产生巨大的影响；二是农户担心委托他人来浇水会产生只做表面工作而不将土地浇透的现象。

（二）托管服务中，供销社与各涉农部门联系不够紧密

我国有众多政府管理部门均与农业有所关联，比如农业部、林业部、水利部、国土资源部、供销合作社联合社等，由于其各自的职责、分工不同，导致每个部门仅关注自己部门所负责的相关工作，而不是从整个土地托管的全局角度

出发，从宏观上理解、把握及具体实施作物托管的有关工作。供销社作为土地托管的先行者，与其他部门的联系还不够紧密，合作交流不够充分。

（三）土地托管主体竞争日渐加剧

土地托管服务的兴起，引起了各政府部门的高度重视及众多媒体的关注，社会各农业服务主体纷纷加入土地托管的服务体系中来，以占据一定的市场，争得相关的市场利益。作为土地托管的先行者，供销社在面对市场竞争时，势必会在一定程度上降低服务价格，减少所获取的利润。在保证服务质量的基础上，农业服务人员的利润减少，会导致工作积极性下降，放缓进一步土地托管的进程，影响我国农业规模化的发展。

（四）农民对土地托管服务认可度不高

目前，农民对土地托管认可度还不够。生产托管对小农户的覆盖率较小，带动普通农户发展服务规模经营的力度不够大，部分农户对土地托管、联耕联种、代耕代种等新型农业生产性服务模式还不信任、不认可。很多农民不愿进行土地托管主要是因为农村社会保障制度的不完善，我国城乡二元结构导致农村的社会保障体系与城镇有很大差距，很多农民依赖有限的土地解决自己和家人的医疗、教育等民生问题，土地就是他们生活保障的唯一根基。对于土地托管存在后顾之忧，特别是村内上岁数的农民，担心托管出去会失去自己的土地，尽管已经没有更多精力去种地，宁愿把自己的土地撂荒，也不愿将土地进行托管服务。

（五）土地托管服务呈现区域发展不平衡性

因受自然条件、地理位置、资源多寡等不同因素，以及各自区域的经济建设水平差异等影响，供销社在农村开展的土地托管服务呈现出明显的区域发展不平衡性问题，经济较发达和土地资源较好的村镇土地托管服务不管是托管数量还是服务质量都明显好于其他地域，城市近郊地域的发展，由于受到城市经济发展的辐射，农民在收入结构方面更加的多元化，土地托管服务意愿和需求较为强烈，托管后规模化经营也比较理想，托管关系比较稳定，能够实现托管服务主体和农民的双赢。而相对偏远一些的地域，土地托管服务无论是难度还是稳定性，其发展都存在着不小的差异，托管服务主体，在规模化经营方面也受限于当地土地资源地理分布和土地质量等问题，出现不同程度的经营性困难。

（六）土地托管服务缺乏可持续的资金保障措施

土地托管服务是一项长期的大范围的土地活动，在土地托管服务的发展过程中的各个环节，都需要资金保障。在发展初期，资金的主要来源是由县级政府和县供销社提供的，后续各地政府可能会针对服务主体制订优惠便捷的金融贷款、补贴、奖金等方式来解决服务环节主体的资金压力。随着土地托管服务的不断推进，托管土地和服务主体越来越多，资金保障就变得压力越来越大。目前，在解决服务主体资金保障措施方面依然是以政府投入和金融手段为主，社会力量的投入相对来说还不能成为主流。资金保障措施不足，土地托管服务发展资金短缺。县供销社作为在土地托管服务的总发起人和负责人，在资金保障方面一直是最重要的提供者。但是农村土地托管服务的范围越来越大，一个县供销社已经不能解决全部的资金问题，各乡镇社在资金方面的权限又有很大的制约，造成基层社的工作开展出现较大资金问题，毕竟水利、电力、农机购买和维护费用对于基层社来说是一笔非常大的开销，如果在服务主体收益不是特别理想或出现较大自然灾害的情况下，在保障和农民的收益后，会出现服务主体的入不敷出，这种现象就需要其他资金提供保障，稳定可持续的资金保障是对土地托管服务的扩大和持久发展的基础。

（七）土地托管服务面临多种风险

农业生产托管风险类型多样，包括自然风险、市场风险、社会风险，其中社会风险又包括经营性风险和政策风险。自然风险和市场风险是现代农业生产必然要面临的问题，虫害、洪涝灾害、瘟疫等自然风险是农业生产不可避免的风险因子，其风险性表现在两方面：一方面表现为减产风险。2020年新冠肺炎疫情暴发，居家隔离的实施政策符合国家防控需求，但无疑也对春耕中农资供应、农产品销售产生了很大的影响，同时全国封控也一度使各地农产品滞销，此外疫情高传播风险与人类有限认知等外部环境对高规律性、低存储性、低连续性的农业生产造成进一步的冲击，更凸显了农业的易损性。另一方面表现为农业减产带来的衍生性风险。农业周期长、稳定性差等多种风险特性与农户所要求的稳产是相矛盾的,当农业生产遇到不可抗力因素导致产量减少,由于定责难、定责不明确,农民很容易将减产原因归咎于托管组织,从而引发托管组织与农户之间的纠纷。市场风险包括价格波动、市场供需情况等,是农业经济环境最为直观的体现。例如当农资价格普遍上涨势必增加生产成本,此时托管组织与农户在农资供应上较难达成一致。疫情之下农产品价格普遍上涨,托管组织与农户又该如何做好利益分配?面对市场带来的波动,托管组织与农户的联结关系又该如何保持稳定?这些问题均考验着托管组织的市场应对能力。经营风险是指托管方在农业生产托管中存在的经营管理问题,包括资金周转、与农户间托管摩擦等。

(八)供销社开展土地托管服务中面临技术和人才困境

尽管供销合作社目前的土地托管服务发展较为迅速,但由于技术和人才的缺乏,基层社土地托管服务的进一步发展受到制约。先进的农业生产技术是合作社提高经营效益的重要因素。随着经营土地数量的快速扩张,基层社需要将大批农业机械如收割机、播种机等投入生产过程,以进一步提高生产效率、降低生产成本,同时还需要投资建设"农业综合服务中心",以提高供销社的综合服务能力。但是目前许多开展土地托管服务的基层社尚处于发展阶段,对专业人才吸引力不足。供销社开展土地托管服务过程中需要一批具备一定技术和经验、能够掌握先进农业生产技术的人才,然而现有技术和人才并不能满足提高效益的目标。

四、供销合作社开展土地托管服务建议

(一)完善土地托管服务体系

(1)以生产托管服务为重点加快服务方式创新。近年来,各地立足于各自产业特点和农户需求,在实践中探索出了丰富多样的农业服务方式。尤其是起源于山东的生产托管服务,将耕种管收等生产作业统一托管给服务主体,有效地解决了传统小农户技术水平偏低、劳动力不足的难题,成为广受欢迎的创新服务方式。针对当前多数农村地区空心化、农村人口老龄化的现状,要把生产托

管作为政策支持重点,引导服务组织根据不同地区、不同产业和不同经营主体的实际需求,发展单环节托管、多环节托管、关键环节综合托管和全程托管等多种托管模式,为农户提供保姆式、集成式服务,把小农户带入现代化生产轨道上。

(2)做强农业社会化服务企业。支持供销合作社以市场化手段开展经营服务,集中资源培育一批省、市、县级供销合作社出资的农业社会化服务骨干企业,重点发展全托管服务型、农产品加工营销型、农资联采直供型企业,加快现代企业制度建设,打造供销合作社为农服务主导力量。

(3)加强土地托管服务平台建设。支持供销合作社改造提升为农服务中心,强化农资供应、农机作业、统防统治、秸秆利用、粮食烘干、农产品加工销售、农业技术培训等服务功能,打造土地托管服务平台。整合农业社会化服务力量,吸纳乡村能人、大中专毕业生等各类人才,加强农业技术培训,打造爱农业、懂技术、善经营的高素质农民队伍。支持供销合作社在具备条件的县(市、区)建设一批县级农业服务平台,为各类农业经营服务主体提供信息技术、仓储物流、农资配送等综合性服务。

(4)推动服务网络向村居延伸。深入开展"村社共建",发挥村"两委"的组织优势和供销合作社的服务优势,在联建农民专业合作社、共同开展便民服务等方面提升合作水平。推动供销合作社托管服务主体在村级建设土地托管服务站,促进服务功能向田间地头延伸。

(5)加强系统联合合作。深入开展系统横向联合和纵向整合,推行企业化运营、规范化管理、标准化服务,实现统一运作方式、统一农资供应、统一耕作标准、统一销售加工、统一融资保险,统筹推进种肥供应、深耕深松、机种机收、划片管理(田间管理)、统防统治、节水灌溉、秸秆利用、粮食烘干、产销对接、技术培训10项重点服务,构建"三化五统十服务"机制,提升服务组织化程度和整体效能,打造为农服务"供销品牌"。

(二)提高土地托管服务水平

(1)提高规模化服务水平。供销合作社要进一步加强与家庭农场、农民专业合作社、农业服务企业等规模经营主体的合作,为规模化生产提供土地托管服务。试点推广"土地股份合作+全程托管服务"新模式,引导农民在完全自愿的前提下,以土地经营权入股成立土地股份合作社,采取"保底收益+盈余分红"

分配机制，充分保障农民的土地承包权益，在不流转土地的前提下实现农业规模化经营，促进小农户与现代农业发展有机衔接。

（2）提高规范化服务水平，继续加强建设为农服务中心。随着土地托管规模的日益扩大，托管服务组织增多，但相关管理制度，致使许多服务组织缺乏相关农业服务经验，服务人员良莠不齐，造成土地托管质量无法保证，使农户直接遭受损失。另外，局部地区土地托管服务组织与农户信息不对称、缺少托管协议合同，造成托管没有法律约束力，产生经济纠纷，损害了托管农户的收益权。土地托管服务不规范，服务流程、标准、形式以及合同签订等管理问题亟须解决。实施县域城乡融合综合服务平台建设工程发挥社有企业带动作用，依托县级社整合各类主体资源，建设县有运营中心、乡镇有为农服务综合体、村有服务站点的县域综合服务网络。选择一批县开展县域城乡融合综合服务平台建设，依托基层社打造功能完备、设施齐全、机制健全、运行高效的乡镇为农服务综合体。建立为农服务中心，整合市场主体服务，对土地托管经营活动进行监督和指导，在托管质量保证、帮助现有托管服务组织提升托管项目实施和过程管理能力、托管农户的权益保障等方面，都将起到很好的促进作用。开展产学研合作，根据不同地区、不同作物制定规范的生产标准和托管服务流程。发挥专业化服务优势，与农业农村等部门和科研院所联合推广农业新品种、新技术、新装备、新模式，提高农业科技含量，实现降成本、增产量、提质量。发挥供销合作社农资购销渠道优势，建立种子、化肥、农药集采分销体系，减少化肥农药施用量，提高农产品质量，促进农业绿色发展。

（3）提高产业化服务水平。加快推进土地托管服务由单环节、多环节托管服务，向农业生产全程服务延伸，向农产品加工、销售等第二第三产业拓展。加强农产品产销对接服务，推广农产品订单生产、直供直销、集采集配等经营方式，推进农超、农企、农批等对接，加强仓储物流、中央厨房、农批市场等商贸流通设施建设，形成从生产到消费终端的服务链，提升农业产业化经营水平。

（4）助力解决农村劳动力缺失问题。通过引导土地流转、组织农民开展合作经营、统一购买社会化服务等方式，创造条件开展统一经营、统一服务，提高耕作效率，解决劳动力缺失问题。供销合作社要创新服务方式，通过代耕代种、提供关键环节服务等形式，开展精准化服务，在稳定农业生产、保障粮食安全中发挥积极作用。

(三)实施培育壮大工程,依托综合服务平台加强土地托管服务管理

(1)供销合作社培育壮大工程紧紧围绕"改革强社、服务立社、夯基建社、以企兴社、从严治社",以密切与农民利益联结为核心,以提升为农服务能力为根本,以发展壮大基层社、健全基层组织体系、完善联合社指导服务体系和发挥社有企业支撑带动作用为重点,明确了夯实基层基础、创新体制机制、推进联合合作、推动高质量发展的目标任务和具体措施,反映了新形势、新任务对供销合作社的新要求,体现了加快建立适应社会主义市场经济体制机制的新理念,展现了破除制约自身发展深层次矛盾的新举措。

(2)实施培育壮大工程是践行为农服务宗旨、服务乡村振兴战略的题中之义。习近平总书记明确强调,各级党委和政府要围绕加快推进农业农村现代化、巩固党在农村执政基础,继续办好供销合作社,要求供销合作社要坚持从"三农"工作大局出发,牢记为农服务根本宗旨,努力为推进乡村振兴贡献力量。实施培育壮大工程,是供销合作社践行为农服务职责使命的具体行动,是服务乡村振兴的责任担当,是满足城乡居民生产生活需要的开拓创新,是服务国家粮食安全、巩固"三农"战略的务实之举。

(3)实施培育壮大工程是夯实基层基础、密切联系农民群众的迫切需要。习近平总书记指出,供销合作社要加快成为服务农民生产生活的综合平台,成为党和政府密切联系农民群众的桥梁纽带。基层社是供销合作社服务"三农"的出发点、落脚点和前沿阵地,是密切联系农民群众的"最后一公里",也是"最先一公里"。培育壮大工程围绕"聚焦与农民利益联结更紧密",明确提出加快推进基层组织建设提质扩面增效,打造综合服务平台,夯实为农服务组织基础,这为密切与农民组织利益联结找准了支点、明确了举措、给出了实招。要以实施培育壮大工程为载体,不断扩大基层组织数量,提升经营服务能力,建设综合性、规模化、可持续的为农服务体系。

(四)拓展土地托管服务空间

(1)因地制宜,找准突破口和切入点,开展托管服务要因地制宜、量力而行、循序渐进、实现全面发展。开展土地托管服务是供销合作社综合改革的一项战略举措和常态性工作,我们不仅需要有决心、有毅力、有长性,更要有思路、有

措施、有办法,各市县供销合作社要本着积极作为、因地制宜、量力而行、循序渐进的原则,着力解决好三个关键性问题:一要不断丰富托管服务内涵,土地托管服务不能局限于农资、农技服务;二要不断延长托管服务链条,要抓好农产品加工、营销渠道与网络平台建设,实现农产品"三产融合"发展;三要不断拓展托管服务空间,抓好合作金融平台建设,实现与专业合作社规模化经营的有效对接,真正做到生产、供销、信用"三位一体"全面发展。

(2)提升托管装备水平,扩大土地全托管规模。在制约土地全托管的浇水环节,时间要求比较紧,在返青阶段要把返青水浇足,早浇晚浇效果都不好。比如在山东部分地区,灌溉的水源有两种,一种是引黄河水进行灌溉,另一种是抽井水进行灌溉,由于这两个因素,每年浇水存在水源争夺的问题,农户之间易出现矛盾,也易与托管主体产生纠纷。在这种情况下,托管主体可与当地农户共同进行投资,对浇水装备进行改良和升级改造,满足农户对浇水的需求。

(五)加强基层社管理,健全托管服务与农民利益的联结机制

(1)土地托管模式作为农业经营方式的突破创新,必须始终坚持农村土地农民集体所有制度,确保农户的土地承包经营权,坚持农户家庭经营的基础性地位,最终形成农地"集体所有、家庭承包、多元经营"的新型农业经营体系。做好土地托管服务,必须充分尊重农民意愿,按照农户托管自愿、利益共享、风险共担原则,引导推动农户自由、自愿选择参加土地托管经营模式,推进农业规模化经营。因此,土地托管一定要建立健全托管服务与农民利益的联结机制,真正落实把农民的利益放在第一位的要求。

(2)培育实施载体,大力推进基层社改造,真正将基层社办成管理民主、运行规范、以农民社员为主体的综合性合作经济组织;完善服务功能,强化完善流通服务,引导推动基层社继续做好农资、日用品供应和农副产品收购服务,开展农资集采和产品统售,进一步强化流通功能;积极拓展生产服务,支持基层社开展土地托管、代耕代种、联耕联种、机播机收、统防统治等农业生产性服务。

(3)强化基层社合作经济组织属性,推进土地托管服务。按照合作制原则加快完善基层社治理结构,广泛吸纳农民和各类新型农业经营主体入社,规范与农民社员的利益分配关系。总社制定出台基层社示范章程,在一批基层社落实示范章程,建立健全"三会"制度、按交易额返利和按股分红相结合的分配制

度。推进薄弱基层社改造。总社制定出台基层社建设指南,指导各地综合考虑人口规模、产业发展、经济体量等因素,按照经济区域推进基层社建设,提升基层社整体发展质量和为农服务能力,推进基层社开展土地托管服务。

(4)加强基层社集体资产管理,推动县级社建立健全基层社资产监管制度,创新监管手段,严格人员管理,完善对基层社集体资产的监管机制。指导县级社加强对基层社集体资产的统筹管理运营,盘活基层社存量资产,通过功能提升、原地改建、异地新建等形式整合资源推进乡镇为农服务综合体建设。规范农民和各类新型农业经营主体加入基层社的程序,允许多种方式出资与合作的制度安排普遍推行,农民入社的渠道全面打通。基层社治理结构逐步完善,合作制分配制度日臻完善,惠农带农机制不断增强。

(六)强化供销社已有优势,充分发挥各级供销社作用

(1)发挥供销合作社农资供应主渠道作用。各级供销合作社要在农资供应中发挥为农服务主力军的作用,保供、稳价、方便让利农民,主动对接,组织货源采取直销方式减少流通环节,把优质低价的农资送至田间地头,降低运营成本。并以农资供应服务为纽带,聚合更多经营主体开展土地托管服务。各级供销合作社要明确土地托管服务需求,统筹做好土地托管服务中的作业人员调配与机具配置保养维护,协调解决融资需求与物资供应保障等。在尊重农民意愿的基础上,有针对性地指导各类托管主体为农户生产提供个性化、精准化和公益性的便捷服务,全面满足农民的生产需要。

(2)确保有关政策措施贯彻落地,各级供销合作社应认真研究农田建设、玉米大豆生产者补贴、农机购置等方面的优惠政策,与相关政府部门沟通协调,为开展土地托管业务的农民专业合作社、农民专业合作社联合社申请专项补贴。对照《农业生产发展资金项目实施方案》关于"供销合作社承担农业生产社会化服务任务量不低于当地总任务量15％"的要求,积极组织申报针对土地托管服务面积的中央农业生产专项政策资金。发挥桥梁作用,落实系列强农惠农富农政策,为农业生产服务争取政策助力。

(3)发挥供销社已有优势,整合农业生产要素。供销合作社的土地托管主要为政府所引导,供销社既有组织化的优势,又有工业化的资源支持。以"农民外出打工,供销社为农民打工"为口号,把基层供销社、村"两委"、合作社、信用互助社"四位一体"作为供销社开展农业服务规模经营的总抓手,整合农资、技术等农业生产要素,与地方村"两委"进行合作,牵头成立专业合作社,把供销社的经营优势、服务优势与村"两委"的组织优势、信用优势进行完美结合,共同组织开展土地托管社会化服务,实现农民、村集体、供销社三方的互利共赢。

五、供销合作社土地托管典型案例

(一)以托管服务为切入点,实现社会效益、经济效益、生态效益共赢

近年来,山西省临汾市供销合作社系统围绕"谁来种地,地怎么种",全面推进农业社会化服务惠农工程建设,以生产托管服务为切入点,不断夯实基层组织服务基础,全力搭建综合惠农服务平台,持续增强农资经营服务水平,有力推动农业现代化、全程化、规模化、绿色化发展,农业社会化服务水平显著提升。

1.开展土地托管服务主要做法

各县(市、区)供销合作社依托系统基层社、农民专业合作社、惠农服务中心等各类服务主体,从农民最需要的耕、种、管、收、加、储、销等全产业链入手,围绕产前、产中、产后各个环节,探索开展"菜单式"半托管、"保姆式"全托管服务。截至2021年年底,全系统托管面积达到76.81万亩,生产托管服务发展形势较好。

一是健全服务网络。按照"内容丰富、形式多样、服务专业"的原则,全系统建设了惠农服务中心88个、惠农服务站262个、庄稼医院76个,服务能力不断提升,服务网络不断扩大。

二是开展靶向服务。深入农业生产一线,问计于农、问需于农,靶向精准服务农民,提高作业效率,促进农业增效、农民增收。针对"如何种好地"问题,曲沃县供销合作社先后投资260余万元,建设了1个测土配肥中心、10个园区惠农服务中心和蔬菜、葡萄、大蒜、苹果等9个庄稼专科医院,有针对性地开展了农作物统防统治、农资直供、农机作业、测土配方施肥等单项托管服务,开通了微信问诊、农科110巡诊,由各专业合作社培养的"土专家""田秀才"提供坐诊服务,深受广大农民欢迎。针对"农产品卖难"问题,曲沃县供销合作社投资221.18万元实施了北董绿森蔬菜专业合作社1000平方米大蒜交易市场和4000立方米冷藏库项目建设,有效提升了合作社社员和周边农户的蔬菜交易和储藏

能力,帮助农民收储销售蒜薹 280 余万斤、洋葱 270 余万斤、大蒜 320 余万斤,有效缓解了种植户的销售难题。

三是发展订单农业。创新为农服务模式,积极发展订单农业、以销定产,帮助农民调产增收。乡宁县供销合作社先后实施了酿酒高粱、中药材订单农业项目,2021 年签单种植酿酒高粱 1200 亩,种植柴胡 200 亩,实行统一选种、统一作业、统一配肥、统一管理,保底价收购。襄汾县供销合作社参股的建旺种植专业合作社,与农民签订托管协议,与好利海农业有限公司签订购销合同,年种植紫色糯玉米 700 亩,依托订单农业实现农民增收。

2.开展土地托管服务取得的成效

托管服务有效避免了土地撂荒和低效管理,既提高了劳动生产率,又增加了农民收益;同时有利于农业绿色生态可持续发展,实现社会效益、经济效益、生态效益共赢。

社会效益。一方面通过统一管理、统一种植,提高了劳动生产率,保证了农户们获得更高的产出与收入。由曲沃县供销合作社牵头组建的农发蔬菜种植专业合作社联合社,通过统一技术指导、统一生产资料供应、统一种植模式、统一质量标准、统一品牌和包装、统一销售的"六统一"模式,形成了规模化发展、标准化生产、产业化运营、品牌化营销的现代农业新格局,年销售各类蔬菜 12000 余吨,完成销售收入 2100 余万元;直接带动 200 余户社员和农户发展蔬菜产业,亩均收入增加 1500 元以上,安排农村就业岗位 35 个。另一方面托管过程中农机联合作业,可以吸纳农村劳动力,帮其增加收入。浮山县寨圪塔供销合作社利用 50 台农机具联合作业,20 天时间完成了 5080 亩玉米的播种,吸纳劳动力 12 人,平均每人每天收入 600 元左右。

经济效益。针对"耕、种、管、收、加、储、销"单环节或多环节,从农机配备、产品销售等方面扩大规模,不断提升系统农业社会化服务能力,在降低农户生产成本的同时,也增加了供销合作社收益。如曲沃县供销合作社投资 129.25 万元,实施曲村青欣种植专业合作社粮食收储加工项目,日产 200 吨的粮食烘干加工设备将农民从繁重的秋粮晾晒中解脱出来,实现了玉米从脱粒、烘干到精选、打包"一条龙"作业,加工和购销能力成倍增长,填补了当地农业社会化服务的一项空白。目前,合作社已完成粮食收购 10980 吨,实现营收 1102.6 万元。

生态效益。全市供销合作社系统在生产托管服务中,积极开展技术指导,引导农民科学施肥、科学防治，采取施用有机肥、配方施肥、高效无毒农药、秸秆还田等方式，逐步改善土壤结构、降低化肥农药施用量，走绿色环保农业发展之路。襄汾县供销合作社组建了无人机飞防大队，今年春耕以来，利用26架喷肥洒药无人机，开展飞防作业面积达20万亩。植保无人机的投入使用可以节省农药使用，有效减少了农田土壤与水质污染，且作业时不会留下辙印和损伤作物，不破坏土壤物理结构，不影响作物后期生长，促进农业节本增效。

3.问题困难

一是供销合作社系统自身人力、物力有限。系统人员老龄化问题突出，工作魄力不够，劲头不足。供销合作社自身经济基础薄弱，生产托管服务主体大多自有资本较少、社会融资能力不足，贷款难现象普遍，拓展服务力不从心。

二是在生产托管服务方面，供销合作社享受国家扶持政策较少，如农业部门的补助性托管项目供销合作社占有率较低。希望能够给予配套的政策及资金支持，解决系统生产托管服务主体的资金需求问题。

三是临汾市山区县多，土地较为分散，无法形成联合作业的规模优势，造成托管费用和农民期盼之间还有一定差距。需要通过政策引导、典型示范、经济效益驱动等手段，让更多农民了解托管服务的运作模式，积极主动参加到生产托管服务中来。

(二)山东庆云县供销合作社积极开展土地全程托管服务，助力乡村振兴

山东省的庆云县供销社与省供销社合作，成立专业服务公司，大力推广"土地股份合作＋全程托管服务"模式，为村党支部领办土地股份合作社的2.6万余亩土地提供全程托管服务，年增加村集体收入300万元以上，增强了村"两委"凝聚力和战斗力。

1.与省供销社签订战略合作协议

庆云县位于山东省最北部，现有耕地43万余亩，主要农作物为小麦和玉米。2020年8月，庆云县人民政府与山东省供销社签订战略合作协议，共同推进"土地股份合作＋全程托管服务"模式，助力乡村振兴。签约后，庆云县政府高度重视，全面筹划，把开展社会化服务作为全县重点工作推进，将"农业社会化服务"纳入《庆云县人民政府2021年重点工作任务清单》，全力支持供销社实施农业社会化服务。县直有关部门整合涉农政策资金向供销社托管区域倾斜，

在尚堂镇托管区域投入资金200万元增加了节水灌溉、水肥一体化项目；在严务乡土地托管区域投入资金2000余万元增加了水田灌排一体化项目，为土地规模经营和稳产高产提供了保障。

2.大力推进全程托管服务

为解决农地面积小、农机作业分散、组织化程度低等问题，省、市、县三级供销社联合成立了"山东鲁供庆农农业发展有限公司"，为村党支部领办的土地股份合作社提供耕种管收储加销等全程托管服务，确保农民收益和村集体增收，形成村支部领办＋农民土地入股＋供销社全程托管＋政府投入保险＋保底分红"五位一体"土地股份制合作运营模式。公司推行"三化五统十服务"机制（"三化"即推行企业化运营、规范化管理、标准化服务；"五统"即逐步实现统一运作方式、统一农资供应、统一耕作标准、统一销售加工、统一融资保险；"十服务"即统筹推进种肥供应、深耕深松、机种机收、划片管理、统防统治、节水灌溉、秸秆利用、粮食烘干、产销对接、技术培训十项重点服务）。截至2020年年底，公司在尚堂镇成立了9个土地股份合作社、全托管服务面积7200余亩，在东辛店镇成立了5个土地股份合作社、全托管服务1280余亩，共计8480余亩。自2021年1月至2021年7月，公司在尚堂镇新建土地股份合作社8个、土地托管面积6600亩，在严务乡新建土地股份合作社12个、托管土地总面积1.1万亩，全县总托管服务面积有2.6万余亩，其中与茅台集团合作种植高粱1.1万亩；与宜瑞安食品配料有限公司（美国在华独资公司）合作种植糯玉米1.2万亩，以高于市场价格0.2元/公斤回收。

3.取得初步成效

供销社开展土地全程托管服务，解决了当前农村"谁来种地、怎么种地"的难题，推动了土地适度规模经营，降低了农业物化成本，增加了农民和村集体收入，促进小农户和现代农业有机衔接。

一是推动了土地规模经营。由一家一户分散种植向规模化、机械化统一种植发展，便于大型先进农机使用，提高了生产效率，也便于标准化生产。

二是降低了农业物化成本。通过全程土地托管服务，可增加种植面积5%以上；采用精播技术每亩麦种可节省28元左右；测土配方智能配肥，化肥施用量每亩可减少10斤以上；所施用的供销配方肥每吨低于市场价格450元左右；机械撒肥、旋耕、播种、镇压一次完成。同时，采用节水灌溉等大型智能灌溉设备,原每亩30元的浇地价格,现仅需3元。亩均节支增收200元以上。

三是促进了农民持续增收。土地托管将农民从土地中解放出来,又最大限度地保证了农民对土地的经营权和收益权,农户能够得到农业生产的全部利润,在获得每亩800元的保底收益基础上,还可获得每亩100~300元的分红。

四是增强了村集体实力。当地村"两委"与服务公司签订联合合作服务协议,服务公司在去除每年每亩800元保底收益和约740元的全程托管服务费用(不含浇灌费用,浇水市场价格约40元/亩/次)后,所得利润由服务公司和土地股份合作社5:5分成,年增加村集体收入150元/亩以上,中等村可实现增收5万元以上,增强了村"两委"凝聚力和战斗力。

五是保障了粮食生产安全。公司紧抓粮食安全生产袋子,发展订单农业,全托管服务土地全部种植小麦、玉米、高粱等粮食作物,有效化解了土地"非粮化"的倾向,保证了粮食生产的稳定性。同时加强与中储粮等国企、名企的联合合作,解决粮食销售问题。

第四部分　全国供销合作社社有资产监督管理专题研究

一、社有资产的来源、性质和监管主体

供销合作社社有资产是指由供销合作社控制并拥有的各种形式的资产,供销合作社对企业的各种形式的投资和投资所形成的权益,以及依法认定为供销合作社所有的其他权益。广义的社有资产包括各级供销合作社的非经营性社有资产和经营性社有资产。本文重点研究的是供销合作社作为出资人在企业中依法拥有的资本及其权益,即经营性社有资产。

(一)社有资产来源和构成情况

供销合作社社有资产的历史来源与构成,大致可分为以下四大部分:一是社员股金。社员股金是供销合作社建社初期资金的主要来源,入股者主要是农民,20世纪80年代初增资扩股时又吸纳一部分农民社员股金。初期虽然每个农民入股金额不多,但入社面大,股金总额占供销合作社资产比例较大。但随着时间的推移,目前在社有资产构成当中,社员股金所占比例已非常少。二是国家优惠政策扶持。主要是各级政府为帮助供销合作社发展无偿划拨国有土地以及给予各种政策支持和财政补助,计划经济时期,供销合作社一直享受国家专营政策,如拥有农资、棉花、日杂、烟花爆竹、农副产品收购专营权等。三是经营积累。它在资产构成中占绝大部分,情况也比较复杂,既有农民社员原始股金形成的积累,也有国家优惠政策形成的收益和各级政府的扶持,但最主要的还是广大职工的长期劳动积累。这部分积累形成的财产是供销合作社资产的主体,它决定了供销合作社集体所有制的性质。四是上级社的投入和支持、接受

捐赠和资助资金等。

(二)社有资产的性质、归属和监管主体

关于社有资产性质及归属问题,党中央、国务院及相关部门已经多次重申:社有资产属于供销合作社集体所有。《国务院关于解决当前供销合作社几个突出问题的通知》(国发〔1999〕5号)明确指出:供销合作社各级联社"行使本级社有资产出资人代表职能,监督社有资产的保值增值,并按出资额依法享有所有者的资产受益、重大决策和选择管理者的权利"。因此,供销合作社社有资产监管的主体必然是各级联社理事会。尽管供销合作社社有资产的形成过程比较复杂,但由于社有资产有社员股金、长期经营积累及其他集体财产为主要来源,且无论是从政策、法律还是从理论、实践上来看,社有资产集体所有仍是其本质属性。以20世纪80年代连续5个中央"一号文件"为先导,以1995年中央"五号文件"规定为根本标志,社有资产的性质有了明确而权威的规定,基本厘清了社有资产的根本属性。

二、基于激励相容理论的社有资产监管模式框架

由于供销合作社改革改制的不断深入,多元化投资和多种经营方式的不断推进,企业产权结构的调整和资本运作的不断发展,加快创新社有资产的运营和监管模式显得极为重要和非常迫切。

1996年诺贝尔经济学奖获得者威廉·维克里和詹姆斯·米尔利斯提出了"激励相容"的概念,开创了信息不对称条件下的激励相容理论:由于社会中普遍存在的委托—代理关系,代理人掌握全面信息,而委托人信息不足,委托人与代理人之间的这种信息不对称便产生了激励问题。因此,要设计出一个激励合同,能够诱使代理人在既定自然状况下选择对委托人最有利行动的情况,就称为激励相容。

(一)社有资产激励相容监管模式的主要内容

在供销合作社社有资产监管中,监管者(理事会)与被监管者(投资企业)之间表现为:供销合作社投资企业(运营主体)总是比理事会(监管主体)更了解企

业的运营情况和市场情况,监管者(理事会)与被监管者(投资企业)之间始终存在着信息不对称,双方进行的实际上是一种非对称信息博弈。由于存在信息的非对称性,因而会产生逆向选择和道德风险问题。同时,两者之间的关系也是一种经济学意义上的委托—代理关系。正是基于上述这些认识,作者提出"社有资产激励相容监管模式"。

该模式的最大特点是将激励问题引入监管问题的分析中来,将监管问题当作一个最优化设计问题,在监管者和被监管者的信息结构、约束条件和可行工具的前提下,分析双方的行为和最优权衡,并对监管中的很多问题都尽可能地从本原上内生地加以分析。该模式使对监管问题的思维方式发生巨大变化,并使理事会监管更充分地体现了效率的要求。

(二)构建社有资产激励相容监管模式的基本原则

构建社有资产激励相容监管模式应遵循以下基本原则。

(1)保值增值原则。社有资产监管机构作为社有独资企业的股东会和社有控股、参股企业的出资人代表,对所代表的资产保值增值负有义不容辞的责任。保值增值原则要求社有资产监管机构在公平竞争和履行社会责任的前提下追求并科学、合理地确认企业社有资本保值增值结果,并控制各类风险,防止社有资产流失,实现社有资产保值增值的目标。

(2)服务"三农"原则。供销合作社作为以服务"三农"为办社宗旨的农民合作经济组织和服务社会主义新农村的流通主体,在追求社有资产保值增值目标的同时,不能忘记自己的"根"——服务广大农民。必须正确处理好服务"三农"和供销合作社投资企业发展的关系。通过构建农资连锁经营服务体系、再生资源回收体系、农产品经纪人服务体系、专业合作社服务体系、技术服务体系五大体系,活跃了农村经济,为全方位服务"三农"提供基础和条件。

(3)权责利相统一原则。权责利相统一原则是社有资产监管能够有效运行的基本原则,也是社有资产监管体制改革的重要原则。只有权利、责任和利益对等,才能够促使主体理性、合法的行为。各级社理事会,作为监管主体,既享有出资人的资产收益权、重大决策权、选择管理者权,又要履行好出资人义务,维护好资产所有者的合法权益,尊重投资企业的经营自主权,同时还要履行监管好本级社自有资产的责任。

(4)监管市场化原则。监管市场化原则要求社有资产监管主体（理事会）以其所代表的出资额为限对社有独资、控股和参股企业承担有限责任，社有投资企业以其全部财产对公司的债务承担有限责任；要求社有股东和非社有股东之间既同股同权、同股同利，又同股同责。

(5)监管制度化原则。监管制度化原则要求各级供销合作社的理事会依照《中华人民共和国公司法》和《供销合作社社有资产监督管理暂行办法》等法律、法规赋予的监管权利，制定社有资产监管的各项制度，力求对社有企业履行出资人职责，即对社有独资企业行使股东会职权，对社有控股和参股企业行使股东权时，严格按照各项监管制度办事，使监管工作制度化、程序化，力求做到公开、公正。

(6)公平和效率原则。公平和效率原则要求社有资产监管机构及其工作人员树立科学的公平观和效率观。社有资产监管机构是出资人"代表"，是"委托人"。所以，必须及时向全体股东披露有关社有资产监管的重大事项，以公开促进公平、公正，做到同样事项同样对待、同类人群平等对待，杜绝自由裁量权的随意性。坚定不移地追求公平前提下的效率，以公平公正约束、检验效率，坚决摒弃不讲正当程序和背离公平的效率。

(三)社有资产激励相容监管模式的监管重点

社有资产激励相容监管模式的监管重点概括起来就是管资产与管人、管事相结合。

(1)"管人"主要体现在两个方面：一是管理企业的"高管"即"三会一层"，按公司法规定，按出资额委派股东、董事、监事及经营管理高管人员；二是规范用人程序，公开并按条件和程序选择社有投资企业经营管理者，对供销社投资企业人事控制的程度和方式，关系到经营者的经营理念、义务观念和追求市场利润冲动。

(2)"管事"主要体现在三个方面：一是管战略，即制定或参与制定投资企业的发展战略；二是管制度，制定或参与制定股权与产权转让制度、投资决策制度、负责人选聘制度、收入分配制度、考核评价制度、公司法人治理结构、监督管理制度等；三是管程序，即监督投资企业在重大决策、负责人选聘、收入分配、考核评价等方面要严格按照程序进行。

（3）"管资产"就是要监管资产的保值增值、投资决策、收益分配等。对供销社投资企业的资产控制程度和方式，关系到经营者对社有资产保值增值责任的大小和意识的强弱；对供销社投资企业的收益控制程度和方式，直接关系到经营者能否参与剩余分配和分配的多寡。

（四）社有资产激励相容监管模式的核心要素

1.监管理念

全新的激励相容监管理念，它涉及三个要义：一是监管目标中要融入供销社投资企业的经营目标，即激励相容监管应当是符合而不是违背投资者利润最大化目标的监管；二是监管中融入供销社投资企业的内部管理；三是监管中要更多地引入市场化机制，加强市场约束，为此要强化信息披露。全新的激励相容监管理念，要求理事会采用市场化的监管方式。具体表述为：

第一，由合规性监管转向导向性监管。导向性监管只确定监管目标，由投资企业在制度允许的范围内自主做出判断和决策。相比合规性监管，市场化监管方式下的导向性监管既可有效实施监管，又不妨碍投资企业作为社有资产运营主体的创新活动。

第二，由直接的监管转向间接的考评监测。间接的考评监测用相应的指标体系作为监管、考核投资企业运营业绩的依据，综合运用对比分析、因素分析等多种方法，对资金的安全性、流动性和营利性之间的关系进行定性和定量的分析，定期公布监测结果和评定风险等级。

第三，由单向被动式监管转向双向互动式监管。监管是在监管者与被监管者之间双向互动实现的，而且除了监管行为之外，监管双方还相互提供服务，这既体现了双方地位的平等，也可实现监管者与被监管者经营创新之间的互相促进。

2.监管条件

理事会对供销社投资企业的监管是长期的制度安排，其关注的重点是投资企业的成长与风险问题。这是激励相容监管得以实施的外部条件。不断夯实供销社投资企业的法人治理结构和内控制度，使其能在充分认识风险中"理性地"追求利润，这是激励相容监管得以实施的内部条件。

3.监管制度

一是产权监管制度。产权监管制度是指供销社理事会凭借与投资企业的控股、参股的关系，对投资企业进行监管的制度。产权方式下的监管制度是其他监管制度的基础，没有这种产权纽带关系，其他监管制度就难以有效运行。在西方国家，通过企业间股份资本参与形成企业集团是最普遍、最重要的方式，西方国家的一些大型或巨型企业，无一不是通过股权参与的方式扩展其业务，控制一大批子公司，形成一个个庞大的企业帝国。由于供销社理事会对投资企业拥有足够实行监管所需的股权，掌握了在股东大会上的优势表决权，就可以将其意愿上升为股东大会决议，对投资企业产生约束力。这种凭其股权就可决定的事项，具体表现为要案决定权、人事任免权、听取报告权、行使确认权、财务处理权。

二是人事监管制度。本研究所说人事监管不同于通过行政权力行使的人事权，而是在控股、参股的基础上形成的，是由产权引申而出的对"高管"的监管权。也就是说，理事会凭借对投资企业掌握的多数股权，可以通过投资企业的股东大会决议，向其派出董事和监事。由于董事和监事对公司负有法定的勤勉尽责和忠实义务，在很大程度上，对于投资企业的董事、监事来说，对投资企业的勤勉尽责和忠实与对作为控股股东的理事会的勤勉尽责和忠实在事实上基本可以重合。由于董事、监事与理事会存在人事联系，就可以制定重大事项报告制度，通过董事、监事了解投资企业正在酝酿中的决策，理事会加以研究后，根据整体的发展战略，安排有关人员按照理事会的决定、批复来表达意见，行使表决权。需要报告的重大事项由理事会根据该事项的重要程度，以及对企业集团发展战略的影响程度而确定。

三是财务监管制度。在发达的市场经济国家，通常的公司组织形式是财务高度集中的事业部型公司。实行事业部制的企业有三个中心，即决策中心、利润中心、成本和运营中心。在母子公司的关系中，母公司也掌握着相对集中的财务控制权。供销行业的特点是资金密集型流通企业为主，因而在供销社集团的发展战略中，集权的倾向比较突出。具体到财务方面，应将财务管理权集中到集团总公司，实行资金分配集中的一体化管理，由供销集团总公司统一安排投融资行为。

4.监管方式

采用国际通行的监管方式——非现场监督方式，主要从以下几个方面入手。

首先，建立非现场监督的风险监控指标体系。要形成一套完整的风险监控指标体系，重点建设以下监控指标：一是经营规模和发展水平指标，通过这类指标的观察,展现监督对象的现实水平、发展速度和前景;二是经营质量指标。通过这类指标的分析,反映现实的和潜在的经营质量与成果;三是经营风险指标。提高这一类指标的监测,可以从静态和动态上反映监管对象经营的稳定性。

其次,建立非现场监控中心数据库。建立非现场监控中心数据库,实现信息共享,可由供销社理事会提出专业监控指标和报表要求,统一开发和收集,并通过计算机加工,由投资企业填报后传输给理事会,提高非现场监督的效率,确保信息的完整性。要集资料收集、分析和反馈于一体,建立一个资料全面、分析准确、报告及时,能实现预警监督的非现场监控体系。

再次,实行非现场监督评级制度。可通过对报表数据的分析,进行合规性和风险性评级,以强化投资企业对其经营和风险程度的识别与管理,增强自我约束力,也利于理事会全面掌握各投资企业经营情况,针对不同等级采取不同监管措施,提高监管水平与效率。

最后,保障非现场监督信息的真实性。要从法律上确保报表信息的真实、完整、准确和及时性,对虚假、伪造、迟报、漏报的投资企业及其负责人予以必要的处罚。

5.监管手段

供销社理事会对其投资企业监管的主要手段是委派制,包括会计委派制、财务总监委派制;产权代表委派制;签订年度经营责任书;社会中介机构审计。

第一,会计委派制。会计委派制是理事会以所有者身份,委派会计人员代表理事会监督投资企业资产经营和财务会计情况的一种制度,其目的在于规范会计行为、强化会计监督、根治会计信息失真。其实质是在企业所有权与经营权相分离的条件下,在投资企业内部建立的旨在保障所有者利益和实现社有资产保值增值的一种新型的财务监督体制。

第二,财务总监委派制。财务总监委派制度,是由理事会向投资企业委派财务总监,进入公司董事会,监督社有资产运营、重大投资决策,审查会计报表,对重大财务收支和经济活动实行与总经理联签制度。财务总监委派制是社有资产所有权与法人财产权分离后保障社有资产营运有序进行的内在要求,是顺应了加强外部会计监督的要求,从财产所有者的角度对企业领导行为和企业行为进行财务监督,防止企业弄虚作假、违规操作,以保护社有资产所有者的合法权益。财务总监委派制提供了一种可以较为有效地克服"内部人控制"问题的监督模式。

第三,产权代表委派制。供销社理事会可以凭借所拥有的股权,向其控股、参股企业委派自己产权代表,参与收益分配,并通过其表决权来决定或影响企业的经营政策。产权代表包括理事会委派到企业的投资企业董事长、董事或财务总监。委派到投资企业的产权代表仍存在为追求个人目标而偏离所有者目标的可能和机会,因此,应依据企业内部的法人治理结构以及外部经济、法律监督部门,建立起以保值增值指标为中心的产权代表报告制度。产权代表按照理事会制定的社有资本保值增值指标对其任职企业的社有资产安全、增值负责;产权代表应定期向理事会报告其所任职的投资企业经营业绩、财务状况及社有资产产权变动情况。

第四,签订年度经营责任书。为了将社有资产保值增值指标落到实处,理事会与其投资企业之间建立了分级经营责任制,层层确定经营目标和计划,并通过与企业签订《社有资产经营责任书》的形式,强化经营计划主要指标的约束力,硬化预算约束。

第五,社会中介机构审计。主要是指会计师事务所对投资企业进行的审计监督。目前供销社投资企业的年度财务报告都必须经过注册会计师的审计,通过审计使得财务报告的使用者能够及时真实地了解财务状况和经营成果,规范和约束企业的经营活动,促使企业努力提高经营管理水平。

(五)社有资产激励相容监管模式下的业绩评价激励制度

落实供销社资产监管责任的关键在于业绩评价考核。按照科斯的观点:"产权应该由那些能够使它发挥最大价值的人掌管。"《供销合作社社有资产监督管理暂行办法》指出:供销合作社理事会建立全资及控股企业经营管理者经营业绩考核制度。由理事会或企业董事会与企业经营管理者签订业绩合同,依据业绩合同和审计结果对企业经营管理者进行年度考核与评价。主要体现在以下五个方面。

(1)绩效考核制度。绩效考核通常也称为业绩考评或"考绩"。首先需要制定供销合作社对出资企业考核的指标、口径、标准与计算方法等,运用定量计算与定性分析相结合的方法,对企业经营管理者某一阶段(通常为一年)社有资产运营情况进行评价,并予以奖惩兑现。如安徽省供销社于2006年制定了对投资企业主要负责人的绩效考核制度,并严格按照考核制度兑现出资企业负责人的薪酬,企业负责人的年薪与其当年实现的净资产保值增值率、现金分红率等挂钩,各企业因效益不同,其负责人的收入差距很大,从而调动了企业经营积极性,这是该省社投资企业近几年取得跨越式发展的重要原因之一。

(2)责任追究制度。在市场经济条件下,企业经营过程中发生亏损或损失虽然难以避免,但可以通过制度和责任约束,尽量减少因违反国家规定和企业内部规章制度,未履行职责或未正确履行职责形成的损失。要建立社有资产的资金管理、投资、担保、资产转让和改组改制、资产保管维护、内控建设、信息披露等各环节违反规定的责任追究办法。

(3)风险评估制度。企业在经营过程中,风险是无处不在的客观存在。社有企业要有效地防范经营风险,必须建立健全科学规范的风险评估决策机制,以培育和提升核心竞争力为目的,以供销合作社企业中长期发展战略为指导,对社有资本的运营方案进行充分的分析论证,还需对供销社出资企业的重大投资行为,按《公司法》规定行使出资人的监管权力,对重大经营决策进行风险评估,开展可行性研究,建立集体研究决策的机制,规范决策程序保证决策的民主性、科学性。同时要建立决策失误追究制度。从而将社有资产运营风险降到可控范围内。

(4)制度执行力。要管理好供销合作社社有资产,必须要建立管人管事管资产有机结合的供销合作社社有资产管理制度,并做到切实按制度办事,提高制度的执行力。增强制度的执行力,应在保证制度自身科学性的同时,坚持和完善抓制度落实的责任制,明确责任主体,建立健全督查、监控、反馈和考评机制,及时发现和纠正出现的问题,维护好制度的权威性和严肃性。在制度执行力方面要注意解决三种现象。一是制定制度和执行制度相脱节。二是制定制度不严肃。企业内部各部门制定的制度交叉、重复,甚至在内容上相互矛盾,使制度难以理解和掌握而失去执行力。三是执行制度不严肃。

(5)分配激励制度。正确的管理层业绩评价是激励机制发挥作用的基础,设计一个既能满足社有投资企业高管的合理要求,又与他们的实际贡献相匹配的薪酬管理办法,是实现有效监管的必要条件。从整体上看,现行的供销社投资企业激励制度普遍存在的问题是激励不足,造成优秀的经营管理者流失。另外激励分配制度缺乏弹性,薪酬分配的激励机制尚未得到有效发挥。安徽省供销社从2006年开始实行投资企业高管年薪制,其效果一直不错。高管的薪酬一般由基本年薪、绩效薪酬和奖励薪酬三部分构成。基本年薪是根据企业规模确定的固定数额,绩效薪酬是与其当年实现的净资产保值增值率、现金分红率等挂钩计算的可变薪酬,而奖励薪酬是对贡献突出者的额外激励。

三、供销合作社社有资产与国有资产监管的比较研究

(一)供销合作社社有资产与国有资产对比

以供销合作社为代表的集体经济和国有经济是中国社会主义公有制经济的两大重要经济形态,不论何种经济形态,资产是其赖以生存的物质基础,完善资产的经营管理制度是维护资产完整性、实现保值增值的重要前提。国有资产管理经过多年改革,已形成相对完善的管理体制,而供销合作社集体资产的管理却仍然存在诸多问题。

1.资产归属问题

供销合作社自建立以来,60多年来经历了与国营企业的"三合三分",形成了由社员入股、集体投入、国家划拨资金以及供销社经营积累等来源共同构成的供销合作社集体资产,使社有资产的结构变得非常复杂,产权关系也模糊不清。现有供销合作社资产,已经不是创立初期农民合作产权占主导的状态,它既不能单纯地被认为归属于原始社员,也不属于国有资产,更不属于供销合作社现有职工。由于各种原因,供销合作社产权主体是不清晰的,也就是最终投资人是无法界定的,徐旭初等认为供销合作社资产的最终所有者是缺位的。并且,一直以来在供销合作社管理上都缺乏相应的法律制度,使其长期处于真空状态。

在国有资产中,最终所有者是全体人民,所有权代表是国务院及其授权机构,由中央和地方政府及其授权的国资委负责管理。因此,国有资产的产权界定是明晰的,这是资产管理的重要前提,同时有完善的法律制度作依据,相应各级资产管理机构的收益、处置权也都有了明确规定,为国有资产有效运营提供了有力的制度保障。

中发〔2015〕11号文件《关于深化供销合作社综合改革的决定》中规定:"各级社属资产和所属企事业单位资产的所有权代表和管理者是本级供销合作社理事会,社有资产出资人代表职责由理事会落实。"虽然社有资产的所有权代表和

管理者都已在规定中明确,但其归属问题仍不清晰,各地在所有权问题上各有说法。根据历史事实和相关政策规定,"社有资产属于供销合作社集体所有"。那么,供销合作社集体又是谁呢?既然各级供销合作社理事会是本级社有集体资产的所有权代表和管理者。那么,理事会又是受谁委托呢?要解决这两个问题,究其源头,就是要明确供销合作社集体资产的最终所有者,而这是长期以来各方都没有办法解答的困惑。

2.资产类型问题

国有资产根据其在国家建设中的作用,可划分为三类:国家作为企业出资人的经营性国有资产、行政事业单位占有使用但所有权归国家的行政事业性国有资产、通过开发能够带来一定经济价值的资源性国有资产。在国有资产管理中,根据不同的资产类型特点,实行三类资产的分类管理,提高资产管理效率。

供销社资产有多种分类,较为常见的是按照资产流动性和资产形态进行区分,但为了便于和国有资产类型对比,现将社有资产分为以下三类:①经营性社有资产,是指供销合作社作为出资人在企业中,按投资份额或协议依法取得的资产权益;②行政事业性社有资产,是指由行政事业单位、专业合作社、协会等占有并使用的,实际上由供销合作社控制或领办的各种经济资源;③其他社有资产,是指包括品牌、资质、专利、证照、商誉等无形资产和商誉。由于资产类型的不同直接影响其用途及保值增值的有效方式,而各地区供销社资产类型各具特色,无法准确细分,因此难以按照国有资产的分类管理模式进行统一有效的分类管理。

3.资产管理体制问题

在供销合作社资产管理中,因其资产类型较为复杂,所以在现有制度中并未采取分类管理。基于经营性资产的相似性,现将供销合作社资产管理与国有资产管理对比时,主要考虑的是国有经营性资产的管理制度与模式。

国有经营性资产管理体制中,采取"国家所有、分级管理"的原则,实行"三层次"构架,即:国有资产监督管理委员会(第一层管理者)—国有资产运营机构(第二层运营者)—国有独资和国有控股、参股企业(第三层经营者)。建立"三层次"构架后,国有资产所有者职能与政府对社会经济的管理职能分开,国有资产行政管理职能与经营管理职能分离,国有资产的出资权与企业法人的财产权分开。政府职能部门将与国资营运机构及企业彻底脱钩,不再行使直接管理经营性国有资产的职能,而面向全社会、全行业实行宏观管理和指导,包括从行业的角度,对国资营运机构及企业的运行进行宏观管理和指导。

自改革开放以来,我国各地供销合作社在"分级所有、分级管理"的社有资产管理体制下,结合当地的实际情况,对社有资产管理模式进行了积极的探索,形成了以监事理事会管理模式(多见于县级供销合作社)、"三层次"管理模式(如中华全国供销合作总社、广东、武汉等省市社)、联合社企业化管理模式(如北京、上海供销合作社)为代表的典型社有资产管理模式。从现阶段看,目前我国绝大部分的供销合作社按照社企分开、所有权与经营权相分离的原则,采用"供销合作社理事会(所有者代表)—社有资产运营机构(运营者)—全资、控股、参股企业(经营者)"的三层次管理模式。

浙江省供销合作社社有资产管理实行"供销合作社理事会(所有者代表)—社有资产管理委员会(管理者)—资产运营公司(运营者)—全资、控股、参股企业(经营者)"四层次管理架构,在"三层次"社有资产管理模式基础上,增设社有资产管理委员会,履行社有资产出资人代表职责,将所有权与管理权分离。社有资产管理委员会主要负责资本管理,行使出资人权力。并成立浙江省兴合集团有限责任公司,履行经营性社有资产出资人代表职责,负责资产的营运和监管;省社不再直接对控股、参股企业进行管理,不干预企业的经营活动。

基于委托代理理论,国有资产和供销合作社资产管理中均通过委托代理关系实现资产所有权与经营权分离,政企与社企分开,行政管理职能与经营管理职能互不干预的目标。但由于供销合作社资产产权关系复杂、最终所有者缺位,使得产权制度缺失,从而导致供销合作社资产在治理过程中存在诸多问题。

(二)国有资产监督管理体系改革现状

1.实行企业分类改革

国有企业依据国有资本未来发展的目标及定位,同时考虑在经济社会发展中不同国有企业的现实需求和作用,主要分为商业类国有企业和公益类国有企业。通过功能界定、类别区分,进行分类改革、分类发展、分类监管、分类定责、分类考核,达到有效监管的目的,形成科学的考核评价机制,促进国有企业深度融入市场经济,实现国有企业社会与经济双效合一。

商业类国有企业通过进行商业化运营达到市场化目的,在实现国有资产保值增值基本目标的同时,提高国有经济活力,独立合法地开展经营生产活动,实现公平竞争、选优淘劣。这类企业考核的重点是资产保值增值、业绩指标和市场竞争力。公益类国有企业的主要目标是结合市场机制,为社会和民众提供公共产品和服务保障。这类企业考核的重点是产品质量、服务保障能力、成本控制和运营效率,根据不同企业特点,引入社会评价机制。

2.以管资本为主的监管模式改革

2019年11月,国务院国资委出台《关于以管资本为主加快国有资产监管职能转变的实施意见》明确要求,形成以管资本为主的国有资产监管体制。由管企业为主向管资本为主转变的国有资产监管体系,是以资本作为发展途径,将国有企业产权作为基础的国有资产管理运营模式。"管资本"模式下,要求政府遵循市场规律依法采用国有资产监管手段实施监管,来替代通过行政力量干涉国有资产的运营。将国有资本转变为特殊形式的资本进入市场,并通过完全市场化的方式管理运作国有资产,是"管资本"的核心理念。因此,在国有资源配置中不仅能够使市场规律在其中起到关键作用,也不会因国资委的监管而使国有企业的自主生产经营权受到影响和干预。

以"管资本"联结国资委监管机构、国有资本运营公司以及国有企业,形成三位一体的组织架构,可以在明确政府和企业关系的基础上,减少政府对企业的干预,明晰定位,各司其职,充分发挥监管者、出资人代表及经济人主体企业三位一体架构的作用。基于以市场化方式投资、管理国有企业的目的,设立国有资本投资公司和国有资本运营公司,国有资本投资和运营公司再以股权投资混合所有制企业,与此同时在遵循市场机制的基础上,混合所有制企业便可以进行彻底市场化运作,这样就能清晰区分国有经济在市场中的管理层级和界限,从而达到政资分离、政企分开的目的。

3.国有资本授权经营体制改革

从"管企业"向"管资本"转变的国有资产管理体制改革中,关键性地明确了国资监管机构的职责定位、明晰了国资监管的权力界限。建立国有资本出资人授权制度、转变从资产到资本的授权对象以及授权经营范围是改革的重点,并且通过改革最终要实现国有资本运行效率和国有资本保值增值能力得以提高的目标。

国有资本授权经营体制,相比于国有资产授权经营体系而言,更加契合商业类国有企业市场化运作的要求。由"资产"向"资本"的转变,展现出国有资产市场化改革和发挥资源配置作用的决心,也更加彰显了政企分开的勇气。有学者认为,这两种体制之间的差异主要体现在管理方式上,国有资产的管理,更加依赖于行政手段,行政管理色彩偏重;而国有资本的管理,更加偏向于经济手段,更为注重经济管理。国有资本授权经营体制通过资本运营工具将国有企业和政府的定位进行了明确,更加符合市场化改革需求和市场经济理念,实现了市场机制与国有企业的有机融合,体现了资源配置中市场所起到的决定性作用,真正发挥出政府在其中的作用。

4.国有资本投资运营公司定位

在以管资本为主的国有资产管理体系中,使得国有资本投资运营公司的地位变得非常特殊也至关重要。通过将国有企业股权全部打包注入单独成立的国有资本投资运营公司,授权其履行出资人职责。就其功能定位而言,不仅起到了国有资本监管部门和国有企业之间的桥梁作用,同时又在二者之间起到隔离作用。国有资本投资运营公司的设立,将其与国有企业之间的直接关联进行了分割,以防止权力向国有企业渗透,并且无论是形式上还是实质上都弱化了对国有资产监管机构的过度干预。

国有资本投资运营公司的成立,不仅提高了国企自主经营的权利,也提升了相关市场的竞争力度,同时,解决了原有国资授权经营体制下资本配置效率和营运效率不高的问题,促进了国有资本的合理流动,使国有资本的投向得到优化,集中于关键领域、具有优势的行业企业等,体现了国企改革的基本理念。

(三)国有资产管理体制改革对供销社社有资产管理的启示

1.建立社企分离、权责清晰的监督管理体系

明确供销合作社集体资产的所有者代表,落实集体资产出资人代表职责。设立社有资产管理委员会,履行社有集体资产出资人代表职责,将所有权与管理权分离。社有资产管理委员会主要负责资本管理,行使出资人权力,履行集体资产监管职责,落实理事会确定的社有资产使用、配置的方向和原则,将为农服务作为资本配置的优先领域。通过设立集体资产投资运营公司,授权负责资本的运营,实现资产所有权与经营权分离,政企与社企分开,行政管理职能与经营管理职能互不干预的目标。按照现代企业制度,成立全资、控股或参股企业,保障企业行使充分的经营自主权。

2. 实行社有企业分类改革,最大限度地发挥为农服务作用

供销合作社集体资产是供销合作社为农服务的主要物质基础,为现代农业发展作出了积极贡献,但由于供销合作社集体资产的产权属性不明晰、资本投资的盈亏权责不清,资产监管制度不健全等问题,在一定程度上制约了为农服务举措的进一步推进。供销合作社社有企业可参照国有企业的类别划分方式,根据社有集体资本的发展目标及定位,分为以商业化运作实现资产保值增值为主要目标的商业类企业和以保障"三农"、服务现代农业、提高为农服务能力为目标的为农服务类企业。为确保两类企业按照各自目标有效发展,应当在企业考核及评价机制上有所区别。商业类企业,重点考核资产保值增值、业绩指标和市场竞争力,而为农服务类企业,重点考核服务质量、成本控制、营运效率和保障能力,并引入社会评价机制,从而更好地发挥供销社在为农服务领域的作用。

3. 以管资本为主提升监督效能,建设数字化监管平台

在供销合作社集体资产监管中,社有资产管理委员会,应切实履行监管职责,把握不行使政府的社会公共管理职能、不干预企业自主经营行为的原则,做好集体资产产权的界定和登记、资产的评估和统计、清产核资以及综合评价等管理重点工作,通过制度规范促进事前监管、通过信息化手段促进动态监管、通过考核评价促进效益监管、通过检查反馈促进事后监管等,对有关事项通过授权放权逐步实现从管具体事务向管资本运营转变,既释放激发企业活力,又保证集体资产安全。随着数字技术的日新月异,对社有集体资产监督管理工作也应随之更新换代,更多地将数字化的技术和手段应用其中,丰富社有资产的监管模式和方法。例如,构建社有集体资产数字信息管理系统平台,为资产信息录入、查询等提供更加高效便捷的服务,实现社有集体资产数字化、标准化的管理目标,更好地掌握社有集体资产价值、使用情况及存量信息,使得社有资产的监管工作更加公开透明,进一步提升社有集体资产的利用率,实现社有资产保值增值的目标。

四、供销合作社社有企业资产监督管理研究

供销合作社是合作经济的一种重要组织形式,是为农服务的重要力量。供销合作社控股、参股的社有企业是合作社开展经营服务的基本主体。社有企业

经营管理的资产是为农服务的根基。中共中央、国务院颁布的《关于深化供销合作社综合改革的决定》，强调联合社机关要切实把握好社有企业为农服务方向，加强社有资产监管，促进社有资产保值增值。2020年12月，中华全国供销合作总社进一步修订印发《供销合作社社有资产监督管理办法》，要求供销系统规范和加强社有资产监督管理。因此，供销合作社以资产监管为切入点，对提高社有企业运营效率、防止社有资产流失具有重要意义。

（一）社有企业基本情况

近年来，社有企业经过不断发展，数量不断增加，规模不断扩大，结构不断优化，初步具备了现代企业的基本特征。

1.多元化

从区块链来看，社有企业从省级社有企业、市级社有企业、县级社有企业直至基层社有企业，层层分布，纵向连接。从股权形式看，既有全资企业、控股企业又有参股企业，股权形式多元化，同时积极鼓励员工持股，提高员工的参与度，保持社有企业骨干队伍稳定。如浙江省供销合作社下属社有企业，有63家社有企业进行了混合所有制改革，其中41家社有企业采用了员工持股模式。从行业板块看，社有企业既覆盖农资、日用消费品、再生资源等传统为农服务领域，又积极开拓电子商务、冷链物流、新办工业、金融等各领域，经营行业呈现多元化发展趋势。如浙农控股集团公司在做好"化肥、农药、农膜"老三样的基础上，开拓"塑化、汽车、房地产"新三样领域，近年来还进入了"农产品经营、金融服务、医药"等又三样领域。

2.规模化

社有企业，尤其是省级社有企业成立集团公司，通过规模化购产销经营链，促进资源整合，减少采购和销售费用，提升市场竞争力，龙头作用明显。安徽省的供销社社有企业中，排名前十的社有企业营业收入占全系统社有企业总收入的38%；实现利润总额占全系统社有企业利润总额的47%；资产总额占全系统社有企业资产总额的75%；所有者权益占全系统社有企业所有者权益的56%。

3.规范化

社有企业基本完成了所有权与经营权分离、社企分开的规范化改革。如浙江省供销合作社系统内20个市、县均成立了资产管理委员会,74个联合社均成立了集体资产运营投资公司(平台),形成了"供销合作社理事会为所有者—社有资产管理委员会为管理者—社有资产经营公司为运营者—社有企业为经营者"的四层次管理架构。社有企业员工实行全员合同制,供销合作社不再是集体资产的直接经营者。

(二)社有企业资产监管存在的问题

社有企业在规范化、规模化、多元化的发展道路上,资产监管的质量和效率是企业发展壮大的命脉。由于社有企业成长背景的特殊性,资产监管长期存在以下几个问题。

1.部分资产权属不清

社有企业从新中国成立初期供销合作社下属的小型经营机构,到与国营商业"三分三合"成为政府行政化企业,再到改制成为自主经营、自负盈亏的市场经营主体,经历了70多年的历史变革,企业所有制的性质在国营和集体之间多次转换,部分资产也在转换中产生了权属不清的问题。如安吉县供销合作社在2021年度资产清查时发现原基层社、社有企业在企业改制、破产清算时未过户资产18宗,在经过积极清查企业历史档案、寻找各项佐证材料,并与当地不动产登记中心对接后,目前完成过户登记资产2宗,其余16宗资产的权属证明材料仍在查找核对中。

2.部分资产使用低效

部分社有企业固定资产长期闲置,使用效率低。如有些房屋建筑物位置偏远,房屋破旧,长期空置或收租能力较弱;有些房屋建筑物由于承租方经营亏损等原因,导致租金无法按期足额收回。如浙江星地公司的大楼前几年因承租方经营不善,大楼招租断断续续,租金收入受到影响。后通过启动承租方公司破产程序,大楼才得以重新公开招租,租金收入已步入正轨。

3.部分往来款长期挂账

部分社有企业应收款项存在账龄较长、坏账损失可能性大的状况。这些应收账款有可能是由于债务人更名未及时办理相关手续,也有可能是债务人破产、企业相关人员离职等原因导致应收账款无人管理,企业账面金额虚高。如兰溪市供销合作社下属社有企业浙江云龙股份有限公司,2000年基层社兼并时,遗留 48.73 万元应收款项一直挂账。2021 年供销合作社成立款项催收领导小组,采取沟通协商、调解、诉讼执行等措施,收回款项 12.23 万元,向法院申请恢复执行程序款项 6.70 万元,并对确实无法收回的余款进行了账务核销。

4.资产监管手段比较落后

社有企业整体数字化、信息化能力较弱,资产监管的手段、方式较为落后。有的社有企业的资产监管尚停留在手工记录阶段,再加上人员更换等因素,造成了资料不全等历史遗留问题。有的社有企业虽然进入了财务数字化转型期,但是资产实物流与财务数据流未实现无缝对接,尚不能实现"一张网"监管所有企业资产。

5.资产监管制度建设较为薄弱

相较于国有企业相对成熟的资产监管,社有企业资产监管起步时间较晚、制度建设较弱。2020 年年末,中华全国供销合作总社修订《社有资产监督管理办法》,要求全系统高度重视社有资产监管工作,加强制度建设。

(三)加强社有企业资产监管的对策建议

1.坚持党的领导

社有企业发展史证明,企业要发展,必须坚持中国共产党的领导。在社有企业资产监管的过程中,要把党的领导贯穿于资产运营、资产管理、资产监督的整个过程中,落实于资产布局、保值增值、监管问责的具体事项中,体现在制度建设、选人用人、决策制定中,实现党的领导和社有企业治理的有机统一。社有企业资产监督管理与党风廉政建设紧密相关。近年来,供销合作社系统违规违纪案件时有发生。很多案件主要发生在资产处置上,比如违规转让资产、违规担保和违规出借资金等。因此,把坚持党的领导放在对社有企业资产监督管理的首位,既是对习近平总书记要求"围绕加快推进农业农村现代化、巩固党在农村执政基础,继续办好供销合作社"的重要指示精神的贯彻落实,也是全面推进党的政治建设、思想建设、组织建设、作风建设、纪律建设,深入推进反腐败斗争,不断提高党建质量的重要举措。

2.加强资产监管制度建设的顶层设计

社有企业资产监管制度要发挥实效,需要从制度建设的顶层进行整体性、系统性的设计。目前我国社有资产管理方面的制度主要有中华全国供销合作总社于2020年年末修订的《社有资产监督管理办法》，各省、市、县供销社和社有企业的资产监管办法尚在陆续制定中。所以，从整体上看，制度建设上还存在着监管主体缺位等问题，必须在制度建设中强调突出规范的主体和内容。我国大部分供销合作社按照社企分开、所有权与经营权相分离的原则，建立了"供销合作社理事会为所有者代表—社有资产经营公司为运营者—社有企业为经营者"的三层次管理架构。有的供销合作社还在理事会和社有资产经营公司之间增加了社有资产管理委员会，形成了四层次管理架构。同时省、市级供销合作社又接受各级人民政府的领导和同级财政、审计、纪检的监督。

因此，制度建设在顶层设计中要明确各相关责任主体，包括主管部门、所有者代表、管理者、运营者和具体经营者。资产监管制度规范的内容，不仅要重视土地、房屋建筑物等非流动资产的使用效率，还要重视货币资金、应收款项、存货款等流动资产的合理配置和变现能力，才能确保社有企业资产管理安全、科学和有效。各级地方政府要把供销合作社集体资产管理质量纳入对供销合作社考核和乡村振兴考核的指标体系中。各级财政、审计、纪检监察部门要按照各自的职责，加强对供销合作社与社有企业资产监管的指导，对违反资产监管规定、造成资产流失的情况，要及时整改并追究相关人员责任，造成重大损失构成犯罪的，要依法移送司法机关。各级供销合作社要承担起集体资产监管的主体责任，既要抓好本级资产监管，还要履行好对下属单位集体资产的监督指导职能，制定资产监管指导意见，并对相关指导意见的落实情况进行监督检查。由于社有企业资产监管制度建设涉及主体多，需要多方协作，共同配合，坚持目标导向和问题导向，针对资产监管过程中的薄弱环节完善管理制度，使制度更具操作性和针对性。

3.建立资产生命周期管理制度

目前，全国供销合作社系统都在开展清查核资，旨在摸清家底儿、防止社有资产流失、提高社有资产使用效率，增强为农服务的实力。因此，各级供销合作社、社有企业应高度重视此次清查核资工作，根据财务账册、历史档案、外部登记信息等资料，结合实地盘点、函证等清查手段，全面彻底、不重不漏、摸清查实资产现状。对资产清查中涉及历史变革的复杂事项，要积极依靠老同志、原管理人员、一线工作人员的力量，全面了解情况，尊重事实，依法依规进行产权归属确权。对存在权属纠纷的资产，应由当事人按照产权纠纷调解处相关规定申请调解或通过司法程序裁定后明确资产权属。对产权清晰的土地、房产等资产，要及时做好不动产产权登记。如兰溪市供销合作社下属企业马涧糕点厂在清查核资中，通过诉讼方式将一处被他人无偿占用多年的资产明确了权属，同时通过法院裁定，收到了占用方支付的房屋占有使用费。

社有企业在对现有资产厘清权属、盘清数量、对清账目的基础上，要把盘活资产、提高资产使用效率、创造效益作为中心工作。对长期闲置的资产，要转变思维，开拓创新，探索新的资产经营模式，创造新的经济增长点；对使用低效的资产，采取联合合作、吸纳社会资金投资、置换等方式，优化资产结构，提高社有企业资产的市场价值。通过对标管理，把资产周转率等指标纳入企业业绩考核评价体系，定期进行评价考核并通报，提高各部门对资产监管工作的重视程度，促进资产使用效率不断提高，充分挖掘资产的潜在价值，为社有企业创造更大的经济效益。

资产处置是社有企业资产生命周期管理的重要环节。规范资产"出口"有利于防止社有资产流失。一是规范资产处置范围。社有企业资产处置范围包括资产核销和所有权（使用权）转让。资产核销是指已达到使用年限不能继续使用的资产，经鉴定需要报废或淘汰的资产、坏账和非正常损失的资产，以及按国家规定需要进行的资产核销；资产所有权（使用权）转让是对能够继续使用的闲置资产和其他原因需要转移所有权（使用权）的资产，将所有权（使用权）转让给有需要的其他单位。二是规范资产处置的审批。资产处置应遵守国家的相关法律法规，坚持"公开透明"的原则，按照处置资产的价值和处置行为的类型设定审批权限和审批流程。对达到更新报废年限的资产由社有企业按照规定进行核销；对其他非正常的资产核销，采取分层分级审批，以提高资产监管的安全性。资产所有权（使用权）转让应由相关部门做好可行性研究论证、制定转让方案，经本单位党委会讨论通过后，报供销合作社党委批准或备案，涉及土地、房屋等资产需要评估的，应委托具有相应资质的资产评估机构出具评估报告。

4.加强资产信息化管理系统建设

党的十九大报告明确提出，要推动互联网、大数据、人工智能和实体经济的深度融合。目前社有企业资产管理信息化程度弱，不少企业资产管理还停留在手工记录阶段，或是财务电算化数据与资产信息未完全对接，因此，建立资产信息化管理系统势在必行。但由于信息化建设资金投入量大，要有大局意识和全局观的统领,才能建立一个满足各层级供销合作社和社有企业资产监管需要的网络平台。因此,各级地方政府应加大对供销合作社系统资产信息化管理建设的政策引导,使得供销合作社和社有企业认识到信息化建设的必要性和重要性,重视对资产信息化管理系统的建设。

由于供销合作社系统资产信息化建设尚处在起步阶段,供销合作社和社有企业可以组建资产信息化管理委员会,编制信息化管理长短期发展规划,将资产管理规划与预算管理、采购管理、处置管理有效结合,实现资产从预算到处置的全过程量化管理。建立资产管理完整的动态数据库,实时更新资产变化情况,建立资产信息查询和分析模块,为资产优化配置提供数据支撑。建立多层级信息化管理平台,满足各层级资产管理需要。通过信息化平台建设,促进审核流程标准化,提高资产管理效率,节约人力成本。

信息的可视化有助于各部门管理人员在资产购置、使用、维护、处置阶段,根据各自的职责和权限进行监管,确保资产管理的规范性和全面性。在信息化系统中,设置应收账款周转率、固定资产周转率、资产增长率、保值增值率等指标,有助于对本单位资产管理的实际效果进行评估。同时针对资产管理出现的问题,利用资产管理信息系统进行系统化分析,探究问题成因,进一步优化资产管理方法,提升资产使用效率。

五、供销合作社社有资产监督管理存在的问题

(一)供销合作社社有资产产权不明晰

社有资产产权关系不明晰,是造成社有资产流失的基本原因之一,是黑龙江省供销合作社社有资产监管中存在的普遍问题。计划经济时期所明确的集体所有,进入市场经济以来没有赋予新的所有权定义,导致长期以来社有资产产权代表多元化,政府、社员、社会个体等都代表供销合作社行使社有资产所有权,但实际上又没有人真正对社有资产承担责任,难以开展有效的监督管理。据2014年黑龙江省供销合作社全年内部调查数据显示,近2/3的资产流失及有关资产的纠纷都起源于产权问题。齐齐哈尔、牡丹江、鸡西等地政府部门在国有企业改制时期将供销合作社企业及资产转为私有;黑龙江省绝大多数县级、乡

级供销合作社资产都有被政府部门平调、挪用的经历;部分原供销合作社职工、社员长期无偿或形式上有偿使用供销合作社土地、房屋、设备、企业等资产,哈尔滨市道外区星河宾馆由原宾馆职工长期租赁,私接楼层,还跳出合同以集体财产和补偿楼层装修等高额费用为由,逼迫供销合作社与其低价续租,形成了事实上的侵占社有资产。这些监管中发现的漏洞,都或多或少与资产产权不明晰问题相关。

(二)供销合作社社有资产法人治理结构不健全

在黑龙江省供销合作社多数企业内部,"没有建立起科学的法人治理结构和严格的管理制度,所有权的内在约束机制缺失,使得供销合作社企业内部管理混乱,没有明确代表供销合作社保障社有资产权益的责任人"。目前黑龙江省供销合作社企业法人组织结构设置上存在的问题主要体现在以下三个方面:一是组织机构设置过于简单,不能适应实际市场变化的需要;二是组织机构分工过于复杂,人浮于事,效率较低;三是业务部门被过于强化,监督部门被刻意淡化。

"三会一层"(股东会、董事会、监事会、经理层)运作机制及其之中的权责利分配、相互监督制约存在的问题是供销合作社企业治理结构的突出表现。存在的问题主要体现在以下四个方面。

(1)股权结构不合理。黑龙江省供销合作社股份制企业股权结构基本分为两种形态:一是股权过分集中,一股独大。董事会、监事会和股东会形同虚设,由内部人控制,企业存在"一言堂"和"家长式"管理模式,企业行为与大股东私人行为高度重合,股东将承担有限责任公司下的无限责任。企业进入规模化、多元化经营后,制衡机制缺失,高层决策失误的概率增加,企业风险也会随之增大。二是股权过于平均分散。一些公司形成了多数股东平均持有低额股权,管理层出现道德危机问题,小股东在股东会中相互制约,议而不决,决议、决策的通过和执行难度增大,企业大量的精力消耗在股东之间的博弈中。

(2)不健全的股东大会。一些企业股东大会常年虚挂,股东权利没有得到有效行使。

(3)监事会没有适当的履行职责。首先是监事会队伍不健全,没有监督的激励机制,缺乏监督的主动性;其次是水平普遍不高,财务、管理等知识储备不足;最后是监事会没有得到足够的重视,无位无为。

(4)经营层管理缺乏专业化、透明度低,搞小圈子、小帮派,决策过于简单化。

(三)对供销合作社社有资产使用情况的监管缺失

黑龙江省供销合作社社有资产使用状态基本分为以下几种。

(1)经营性企业。这类企业多数无法与民营企业竞争,依靠政策支持弥补亏损,在逐步推向完全市场化的今天,难以为继。

(2)土地、房屋等固定资产,此类资产多保持租赁形态。黑龙江省供销合作社在《所属企业资产出租管理办法》中已明确,"企业资产出租必须严格遵守国家有关法律、法规和省社有关规定,建立健全企业资产出租管理制度和安全管理责任体系,明确具体监管部门、责任人和工作流程,规范资产出租行为,加强出租资产及租赁合同管理,保证相关法律文件完备"。但在现实操作中,并没有建立完善的租赁制度和执行机制。省供销合作社下辖多处房产均签订5年以上的长期显失公平合同,水、电、供热、燃气等由供销合作社自身"大包干",出租费用甚至连水电费都不够,彻底的赔钱买卖。一些资产长期闲置,无人维护或被外人非法占用,所产生的费用却由供销合作社掏腰包,为他人作嫁衣。

(3)无形资产。供销合作社历史遗留下来的经营权、许可权、品牌等无形资产,有的被强占使用,有的仅付很少的使用费,有的因长期闲置被有关部门和个人转公为私,失去了很多发展的良机。

(四)供销合作社社有资产内部监督不到位并排斥外部监督

建立健全监督约束机制,既要有内部监督,更要有外部监督,这是市场经济条件下,供销合作社及其企业健康、持续发展的保障。供销合作社在现行体制下能发挥内部监督作用的部门很少,内审等部门大多以人治为主,监督力度大小完全取决于领导素质,有的最终目的是如何合理规避法律风险,掩盖事实真相,而不是寻求解决方法,有的甚至不作为,以会代管,敷衍了事。同时,供销合作社对待外部监督的抵触情绪没有转变,始终以"家里事,不需外人管","外人不懂行,不知怎么管"的理由排斥,实际是领导干部怕出事、怕担责任的表现。另外,有效力的外部监督失去供销合作社的配合,难以摸清实际状况,给实施监管也带来一定难度。

(五)社有资产收益难以用于为农服务

社有企业是供销合作社为农服务的直接提供者,一直发挥着巨大的作用。随着社有企业经营多元化,2015年中央规定供销合作社资产收益按不低于20％建立供销社合作发展基金,用于基层组织建设和为农服务。由于2000年后,县级以上供销合作社机关绝大部分参公管理,取消了供销合作社社有资产账户,导致社有资产经营收益"无处可交",中央规定的供销合作社合作发展基金,绝大部分地方由于没有社有资产账户而没有落实。有些地方将供销合作社的社有资产收益纳入财政账户进行核算,造成"只进不出"的现象。如文成县供销合作社约有各类资产近亿元、每年都有几百万元的收益,收益纳入财政账户管理,很难开展投资和为农服务。

(六)基层社社有资产利用低效

尽管基层社地处县城或集镇的好地段,但由于只有2~3人,房产破旧,实行自我管理,主要是资产以出租为主,成为"收租公",没有能力管理、运营、改造,被人称为"1块老牌子、2个老头子、守着几间破房子",更谈不上开展为农服务。

六、完善供销合作社社有资产监管的对策建议

(一)完善供销合作社社有资产监管组织的对策建议

人是群体性动物,在不断发展演变中形成了社会分工。因此,如社有资产监管,在这个以人为主体的复杂工作中,必须率先探讨组织的划分和功能。

1.发挥监事会在社有资产监管中的主体作用

监事会工作的核心目的是社有资产的防损、保全、增值、增效,同时,在供给侧结构性改革的政策方向指导下,监事会要在社有资产的监管和解放两方面下功夫,既要对系统负责,看好资产;又要对发展负责,给予最大限度资产解放。这就需要监事会机构不断在工作经验、工作能力和工作机制上做好积累和改善,在工作中重时效、重质量、讲方法、成体系、强能力,不断强化监事会机构的组织密度和工作能力,发挥社有资产监管应有的主体作用,使监事会及监事会工作

第四部分　全国供销合作社社有资产监督管理专题研究

成为供销合作社系统发展过程中强有力的支撑环节。黑龙江省供销合作社在新中国成立初期就建立了监事会机构，从落实有关规定的角度出发，至少在形式上组建了监事会。但在相当长的一段时期中，由于把主要精力放在扭亏增盈确保系统稳定这个大局上，无暇顾及监事会工作。当供销合作社由被动保稳定转向主动谋发展之后，在很大程度上又把监事会作为提拔安排干部的一个平台，监事会工作被置于边缘化状态。扭转社有资产流失现象，必须以监事会为主体充分发挥其天然的监督制衡作用。

要从体制入手，理顺监事会工作。供销合作社监事会难以发挥监督作用，根源是体制问题，主要包括三个内容：机构设置、权限划分和组织形式。从机构设置来说，19世纪德国首次设立监事会制度以来，世界各国的监事会制度一直应用于企业治理结构中。我国供销合作社监事会制度在新中国成立初期就已经形成，由于与国营商业的三分三合，历经企业与机关的数次转换保存下来，是历史沿革的产物，导致供销合作社当前机关化、行政化的实际运作模式与监事会应当发挥的作用难以融合。从权限划分来说，理事会、监事会分设实现相互制衡是制度设计使然，先决条件是地位和话语权的平行平等。但在实际运行中，个别地方党委政府并不了解供销合作社的体制状态，认为监事会应当扮演配角，因此在监事会与理事会的任命上出现了职级差异，同时出现了信息不对称、没有落实知情权，这就在实际上造成了理事会、监事会在地位、权力上的不平等，也就在客观上形成了下级难以监督上级的局面。

同时，供销合作社的社情和中国的国情相似，都在经历人治向法治转变的漫长过程，可以说在较长一段时间中，人治是客观存在的，领导意志在部门发展中起决定性作用，也就出现了监事会监督权力的大小、地位的高低取决于监事会领导的责任心和供销合作社主要领导的信任程度，有的联社监事会主动放弃了监督职能，采取不添乱、不说话的中庸之策，忘记了关键时刻说"不"字的根本职责，这样的监督必然会出现过多的主观性和缺位。从组织形式来说，供销合作社《社章》明确规定，社员代表大会是最高权力机构，理事会是执行机构，监事会是监督机构，均对代表大会负责并报告工作。但在个别市县联社中，社员代表大会早已名存实亡甚至是不复存在，理事会决定监事会职能和走向，形成了监事会依附于理事会的组织关系和组织意识，监事会也没有按照供销合作社经济组织的组织类型被赋予经济工作的监督内涵。

针对上述缺陷，提出以下四点对策建议。

（1）完善相应制度。制度建设是监事会不断探索的主题，全面、科学、合理的法规制度体系是监事会发展完善的有力保障，要逐步建立健全监事会法规体系，推动监事会工作走上法治化、规范化轨道。要修订完善《社章》等基础制度，明确理事会、监事会同为本级供销合作社集体财产所有权代表；明确对理事会的有关"三重一大"重要决策有不同意见，提出建议未被采纳的，有权执行搁置权或否决权，而不单单是向社员代表大会反映情况；明确在日常工作中，坚持党组的领导，理事会、监事会既要相互补充，又要相对独立，既要相互配合，又要相互制约，实现执行体系和监督体系的相对独立和协调运转。要细化监事会职责，原则性与程序性、操作性并举，工作范围和工作流程分解到位。要建立理事会、监事会信息共享制度；建立监事会成员参加供销合作社会议制度，同时拥有听取和召开会议、发言表决的权利；建立重大问题反馈、重大决策制定抄报监事会的规定；建立监事会在机关及企业查阅、调取相关资料的制度。要形成履行《社章》赋予监事会的各项职权的长效机制，争取应有地位。监事会作为领导机构，要提升整合资源的能力，组织协调审计、纪检等部门发挥监督作用。

（2）深入经济活动。供销合作社体制改革要符合国家市场化的改革方向，回归经济组织原始属性。供销合作社市场化的势头不可逆转，监事会也要因势利导，将工作侧重点放在深入经济领域，抢先进入公司制企业监事会状态，以适应改革需要。在监督过程中，不能过分迷信报表和数字，要给予监事会工作人员赴企业、基层锻炼的机会，以实践经验代替坐而论道。同时要找准主要矛盾，努力做好社有资产的文章，因为供销合作社无论在何种体制环境下，社有资产都是其赖以生存的发展核心。理事会要维护发展、维护社有资产的保值增值，监事会就要主动承担保护社有资产、规避风险的任务。监事会干部要有比监督对象更强的参研、驾驭市场能力，做到懂经济、会管理、能监督。

（3）健全监事会机构。针对监事会工作新、人员新的特点，着重增强监事会有生力量及素质培养。监事会能不能发挥作用，敢不敢揭示问题，既要看人员是否具备较高的能力水平，更要看是否具有强烈的事业心和责任感。要将激发事业心和责任感的工作不单单限于道德范畴进行说教，还要建立监督效果的奖惩机制引入动力范畴进行倒逼。在健全监事会办公室等综合机构的前提下，适时探索建立监事会的办案机构，与纪检、审计部门形成合力。要主动吸纳多方面业务人才，发挥好懂业务干部特别是无后顾之忧的离退休干部的光和热。要组织常态化的教育培训，不断提高监事会人员的思想理论水平、职业道德素质和实际工作能力。

（4）加强舆论宣传。要积极向党委、政府宣传、介绍加强监事会工作是供销合作社自身属性的内在要求，是市场经济的必然选择，是供销合作社发展的迫切需要，尽可能争取理事会、监事会配备同级同职，为监事会提供外援支持。同时，要统一党组（党委）成员特别是主要领导对监事会的思想认识、工作认同、监督认可，这也是监事会工作正常开展的前提条件。

2.系统整合社有资产监管层级

"出资者监管存在着实施模式优化的选择空间，从监管模式的独立特性、效力权威、持续效应和监管成本等特征分析，专司监督职能的监事会最具监管优先级、财务总监次之、强化治理式综合措施更差一些，而主要肩负决策职能的董事会所具备的监督职能最弱，除非外部董事发挥着实质性的监督作用。"

"资产监管行业业务组织是依据特定的逻辑关系和时空布局关系而客观形成的链条式关联关系形态。"因此，虽然减少监督层级在一定程度上可以减少监督成本和监督的随意性，但在我国特色社会体制和供销合作社体制环境下，监督层级的单一容易引起合流腐败。因此，要紧跟国家关于监督工作的发展步伐，借助政府部门、社会团体、有切身利益的群众等切实可行的监督外力，发挥监督合力。要依靠联席会议制度吸引政府部门监督力量。与审计、纪检、工商、土地、司法等联席会议成员单位沟通协调、相互配合，对本级企事业单位经营活动进行监督，及时发现问题、分析问题、解决问题。要结合国家当前反腐思路，发挥媒体资源的监督前沿作用。探索搭建看、听、读"三位一体"监督平台，综合运用网络投诉公示、手机短信问访、电台行风举报、《中华合作时报》报章专栏等一系列可控抓手，增加监管透明度。要发动群众监督。扩大监事会中职工比例，提升群众话语权；在民主推荐的前提下，返聘深入掌握供销合作社实际情况、敢于吐真言的离退休干部参与监督工作。凡关系社有资产长远发展或事关资产利益联结者的重大决策，必须公开征求群众意见，畅通民意诉求渠道，让民意得到充分表达，让群众直接参与决策。

(二)完善供销合作社社有资产监管法律的对策建议

我国的民主法治在进步,法治政府理念正渗透在各行各业。有关监管的法律法规已相对健全,但针对供销合作社社有资产监管的法律法规和制度程序却一直未被明确,这是供销合作社必须争取的基本保障对策。

1.建立健全社有资产监管的法律法规

要明确社有资产监管机构与被监管者的法律关系。以国有资产监管为例,"各级国有资产监管机构,在由同级政府授权的情况下,分别代表国家履行出资人职责,享有所有者权益,维护企业作为市场主体依法享有的各项权利,督促企业实现国有资本保值增值,防止国有资产流失,其目的是促使政府的社会经济管理职能与资产所有职能分开,以克服旧体制下国有资产所有权被众多政府部门所肢解的弊端"。供销合作社也要积极争取政府对社有资产监管机构的法律授权,防止社有资产被政府部门与社会其他组成分子的肢解。同时,要继续依照与社有资产相关的、能有效发挥约束作用的一般性法律法规、政策、指导性文件的要求进行监管,增强对权威性较强的法律法规和政策的解释力度,细化执法依据,切实做到有法必依、执法必严、违法必究,从源头遏制领导干部损公肥私的冲动。同时,要积极协调各级政府部门,适时将经过实践检验的社有资产监管具体制度和有效做法上升为国家和地方性法律法规,并在今后有计划、分步骤地制定或修订一批相关法律法规和条例,彻底改变犯而不知、知而不查、查而不究、究而无门的局面,达到人治法治结合,法治为主的目的。

(1)基本制度层面的社有资产监管

供销合作社社有资产属于供销合作社系统拥有,社员代表大会为供销合作社制度设立最高机构,在目前社有资产监督方面最迫切的工作就是要加快推进社有资产监管立法工作。由于社员代表大会及其常设机构不可能直接参与具体管理社有资产,故转而实行由理事会代表社员履行出资人职责,即由社有资产管理机构代表社员履行所有者职责和权益,从而对社有资产进行监督,但这并没有从本质上解决供销合作社社有资产所有者缺位的问题。

监事会的资产监督权是一项基本权利,这既是供销合作社社员参与全面管理监督的有效途径,也是社员主权原则的具体体现,也正因如此社有资产才会在系统上下受到广泛关注。积极落实监事会的监督权,这不仅可以完善社有资产的管理，更能有效地预防社有资产的流失，为代表社员进行的对社有资产的监管做出有效保证。《企业国有资产法》规定"国务院及各级地方人民政府应该依法向社会各界公布国有资产监督管理的具体工作情况，接受社会公众的有效监督，并允许社会公众对社有资产的损失进行监督和举报"。该法虽然赋予了公民监督管理的权利，但是针对如何行使该权利却没有详细的说明，因此在某种程度上而言，社会公众的监督管理权形同虚设，不能从根本上发挥自己的实际功效，也不能对国有资产进行有效的监督。虽然社有资产并不等同于国有资产，但是，在资产管理办法上道理和问题相同。为强化监事会对社有资产的监督，真正落实社有资产所有者权利，建议社员代表大会适时进行社有资产监管制度规范的拟定和修改，一方面在法理上明确理事会在社有资产所有权上的委托代理关系，保障理事会依法对社有资产治理履行监督职能；另一方面，在供销合作社系统内设有资产监督专门委员会，并健全专门委员会的工作体系和运作机制，确保监事会对社有资产监督的规范性与合法性。这一做法借鉴于英国、西班牙、奥地利和新加坡等国采用的"三层次模式"，即在政府和企业之间设立资产经营机构，代替政府具体承担企业的所有权职能，在政府与企业之间构筑"隔离带"，有利于政企分开、政资分离，适用于规模较大的国有企业。

实际上，虽然供销合作社系统积累了包括行政事业性社有资产、经营性社有资产和资源性社有资产在内的数额巨大的社有资产，考虑到在功能、监管方式等方面有很大的不同，难以用一部大而全的法律全面调整，实践中迫切需要专门设立一部"大资产管理制度"。如我国2009年颁布的《中华人民共和国企业国有资产法》是一部简单的部门法，它是保护资产的母法，该法的适用范围限定为经营性国有资产。这一做法应该作为供销合作社进行社有资产监管的指导。本研究认为，一方面金融类企业的出资所形成的权益也应属于企业社有资产的一部分，也应当建立规范的出资人制度并纳入相关制度规定的统一规范和保护范围；另一方面，应将行政事业性社有资产、经营性社有资产和资源性社有资产都包括在内，并在基本制度的基础上构建社有资产制度管理框架，使其具有根本制度的性质，受根本制度的保护。

（2）制度规范层面的社有资产监管

《企业社有资产管理制度》的拟定将填补社有资产制度管理的空白，但制度确定之后还需要社有资产监管部门结合实际不断制定或修订相关行政法规，为社有资产监管部门施行监督行为提供更加明确的制度依据。目前，供销合作社系统逐步展开了对社有资产管理制度规范的制定。迄今为止，已经有涉及登记、查询、价值评估等基础制度开始建立。

为了充分发挥社有资产管理基本制度的导向作用，应逐步形成以基本制度为中心，从行政法规层面配套制定各单项制度规范，力争形成完整的社有资产制度规范体系。如前文所述，资产评估是容易发生社有资产流失的主要环节，它作为供销合作社系统一个独立的专业化环节，在维护经营秩序、促进经济发展等方面发挥着越来越重要的作用，已经成为我国市场经济发展不可或缺的重要力量。由于行业管理能力较弱、自我评估能力不高、严重依赖外部评估、评估标准很难建立等原因，导致在土地征用、社有产权交易、资产转让和企业破产等领域出现了社有资产流失、交易价格显失公平、资产所有者权益受损、法律责任不清等一系列问题。应以国有资产管理办法为参考，从法律高度来规范市场评估，建立并完善资产评估机构的风险约束机制，使资产评估机构为错评、乱评和漏评等行为承担法律责任。供销合作社系统资产评估行业急需一部统一的法律来加以规范，并通过系统内建立健全制度，保障评价动作的依规执行。这要求加快研究制定相关制度规范，并通过制定一系列更细的制度细则来加以完善。这不仅要对社有资产评估有专门条款进行规定，还可为社有资产转让保驾护航。

（3）区域性、行业性法规层面的社有资产监管

由于区域性、行业性法规及其规章立法效力层级较低、过分原则缺乏可操作性，同时还存在滞后性，从而为区域性、行业性社有资产监管留下了漏洞。因此，要不断制定和修改分区、分行业的制度，这不仅有利于区域性、行业性社有资产，对实现依法治产也起到了推动和促进作用，而且能够为供销合作社资产监管制度的制定积累宝贵经验。

根据相关规定，供销合作社理事会、监事会对社有资产流失行为及案件具有查处职责，对经营者、占用者、出资者或管理者因主观故意或过失，尤其是社有企业的负责人及相关工作人员违反法律、行政法规和规章的行为并造成社有资产流失或不作为的情形应予查处。目前社有资产管理规定中并未对社有企业负责人薪酬问题做出具体规定，无论经营水平如何、盈利与否、资产能否保值增值等都可以获得高额的薪酬，这可能导致企业负责人不作为、乱作为等违规违纪行为的发生。若要切实加强对社有资产流失查处工作的力度，就要把社有资

产流失查处工作纳入法治化、规范化的轨道。本课题认为,各级供销合作社都应出台《社有资产流失查处办法》,加大社有资产的司法追偿力度,提高社有资产流失的涉讼率;各级供销合作社及社有资产监管部门应根据本级供销合作社经济发展实际及企业经营业绩考核等制定《企业负责人业绩考核薪酬管理办法》,对社有企业负责人薪酬问题做出具体规定及实施细则,建立公平的薪酬奖惩体系。

2.建立健全社有资产监管的制度程序

当前,部分地区供销合作社存在行政班子决策代替理事会、监事会、董事会决策,理事会决策代替社员代表大会决策的现象,这种严重的制度缺失,极易导致社有资产处置违规。中华全国供销合作总社文件中指出,供销合作社应当建立和完善规范的内部控制制度,依照国家有关规定建立健全财务、审计、企业法律顾问和职工民主监督等制度。一是要建立有实际意义的理事会、监事会、董事会制度,社员代表大会制度,"三重一大"集体讨论制度,经营者激励、约束、审计、考核制度等灵活多样的监督制度,真正做到个人服务制度,制度高于行为。二是要以加强供销合作社及社有企业监事会制度建设为着力点,逐步建立起监事会日常工作制度、会议制度、监督检查制度、事件报告制度、调查研究制度、建议反馈制度等一系列工作制度,并指导下级社抓好相应制度建设。同时,要规范监督脉络,完善事前计划、事中执行、事后反馈跟踪程序,形成视察、检查、调查、核查等统一的监督形式,逐步推进监督工作规范化、程序化、制度化。

(三)完善黑龙江省供销合作社社有资产监管运行机制的对策

有效的对策,是基于运行中体现的实际作用。完善黑龙江省供销合作社有资产监管,从运行机制着眼,更有利于将概念化的理论付诸实践。

1.明确社有资产监管的职责范围

"出资者监管是整个国有资本管理的有机构成部分,科学、完整的管理系统与运营体系,必然要求把出资者监管深深地'嵌入'资本运营活动之中,而非'外置'在资本运营之外。"各级供销合作社履行出资人职责,实施对经营性社有资产、非经营性社有资产、资源性社有资产各类社有资产的全方位有效监管。对经营性社有资产由各级供销合作社监事会履行管资产、管人、管事的出资人职责;对非经营性社有资产实行产权管理,各级供销合作社负责资产权属的界定、登记、纠纷调处和划转、转让、处置的审批工作;对资源性社有资产实行权益管理,各级供销合作社代表本级参与利益分配,监事会负责收益的监管。这里所论述的全面监管并不意味着可以去除政府监管因素由供销合作社自行其道,而是明确权与责。正如那句话"问题的实质不在于要不要政府,而在于要一个什么样的政府;选择的关键不在于政府是否应该参与,而在于政府如何参与"。

2.发挥农民社员及媒体的监督作用

社会公众监督在西方国家占有十分重要的位置,但在我国供销合作社系统,由于长期以来受计划经济体制的影响,社会公众包括农民社员并没有真正参与社有资产管理的监督中来。更重要的是,很多社会公众没有真正意识到个体对社有资产进行监督的重要性是应有的权利。《黑龙江省供销合作社章程》中明确,"监事会可设农民监事和专家监事"。因此,要不断扩大监事会中职工比例,提升群众话语权;在民主推荐的前提下,返聘深入掌握供销合作社实际情况、敢于吐真言的离退休干部参与监督工作。凡关系社有资产长远发展或事关资产利益联结者的重大决策,必须公开征求群众意见,畅通民意诉求渠道,让民意得到充分表达,让群众直接参与决策。

要积极引入监督类中介组织,发挥其服务、沟通、公正的第三方作用。中介组织的选择要通过依法资格认定,根据市场规划,建立自律的运行机制,同时要承担相应的法律责任义务,接受供销合作社及其他相关部门的监督和管理。探索引入能够对社有资产真实性、完整性进行验证的中介机构,例如会计师事务所、审计师事务所;探索引入对社有资产保值增值情况进行评估的中介机构,例如资产评估事务所;探索引入为社有资产监管提供信息咨询、监管预测的咨询机构,重点在综合咨询、管理咨询、技术咨询等方面提供服务;探索引入能够调节社有资产产权纠纷的中介机构,例如公证机关。

要积极利用舆论媒体帮助进行监督管理。在社有资产监管中,新闻舆论监管应当起到十分重要的作用。新闻舆论监管具有信息量大、影响范围广且强、时效性高等特点,可以对参与社有资产监管的各个主体形成无形的压力和动力,以促进社有资产监管良性发展。当社有资产监管过程中有好的做法出现时,可以通过新闻媒介对其加以宣传;当某些单位或部门在社有资产监管方面出现违规违法操作的行为时,可以对其进行曝光和跟踪问效。

3.规范社有资产产权转让和处置

实践中一些国有企业在其改制过程中,将国有资产低价折股、低价出售或转让,造成国有资产流失的情况比较严重。因此,国有资产转让的价格问题显得特别重要。《中华人民共和国企业国有资产法》对这个问题作了原则性规定,即国有资产转让应当以依法评估的、经履行出资人职责的机构认可或者由履行出资人职责的机构报经本级人民政府核准的价格为依据,合理确定最低转让价格。这一规定不但赋予了履行出资人职责的机构以知情权,而且赋予了其参与制定参考价格的权利。这样就可以避免有些国有企业在国有资产转让中盲目制定价格或者恶意制定价格的现象。

因此,要在公开透明、规范有序的监管体系框架下,建立健全配套的产权交易监督管理制度,促进社有产权监管的法治化、规范化、程序化,最大限度地实现社有资产的价值。各级供销合作社各类社有产权的转让,都必须进行转让前资产评估,资产评估必须备案,并做到公开信息、公开征集受让对象、竞价转让,不得指定受让方、进行暗箱操作;否则,产权交易无效,受让方的产权不能过户。对违反社有产权交易法律法规的行为,要进行严肃处理,情节严重的,移交司法机关处理。要规范社有企业不良资产的核销及处置。制定社有企业不良资产核销及处置的办法,对企业核销的各项不良债权、不良投资及实物资产损失,要建立账销案存管理制度,进行清理和追索,属于可以追索的债权要组织进行清收,实物资产要在认真盘点的基础上通过产权交易市场公开竞价处置;对企业的不良金融债务,要积极与债权银行和金融资产经营公司进行协商,实行集中打包处置、公司缩水回购、竞价转让变现。对集中处置不良资产和债务带来的收益要进入本级供销合作社资产进行监管。

第五部分　全国供销合作社社有企业发展专题研究

一、全国供销合作社系统社有企业概况

（一）全系统社有企业概况

目前，全国供销合作社系统共有社有企业近3万家，涉及农业生产资料、农副产品、日用消费品、再生资源以及农村金融服务等多个为农服务领域。

截至2020年年底，全系统共有各类法人企业22739家（不含基层社）。其中，省社所属企业1303个、省辖市社所属企业3041家、县社所属企业16485家。全资企业有8872家，控股企业有3729个，参股企业有4302家，开放办社吸纳的有业务指导但无资产关系的企业5836家。批发和零售贸易业法人企业有16219家，其中，农业生产资料经营企业3844家、农副产品经营企业5132家、日用消费品经营企业3508家、再生资源经营企业1449家。各类生产加工企业有2083家，其中，工业品生产加工企业476家、农产品生产加工企业1472家、再生资源生产加工企业135家。其他服务业法人企业有4599家，其中，宾馆、饭店和餐饮业企业共有281个、物流业企业有336个。全系统连锁企业6697家，拥有配送中心10802家，发展连锁、配送网点83.2万个，其中直营连锁、配送网点有15.5万个，加盟连锁、配送网点有67.7万个；县及县以下连锁、配送网点有78.1万个。全系统有各级政府有关部门认定的农业产业化龙头企业2412家，其中，省部级及以上认定的农业产业化龙头企业有952家。全系统开展电子商务活动的企业有3977家，登记注册为电子商务企业的有1814家，其中，自建电子商务平台的企业有1461个，入驻商户15.4万户。全系统有经市、县级及以上行政主管部门认定的品牌的企业1839家。

第五部分　全国供销合作社社有企业发展专题研究

社有企业是供销合作社为农服务的重要载体,近年来,供销合作社系统社有企业改革发展取得明显成效,为农服务能力持续增强。新形势下,为加快"成为服务农民生产生活的综合平台,成为党和政府密切联系农民群众的桥梁纽带",供销合作社正在坚定不移地做强做优做大社有企业。主要表现在以下几个方面。

一是综合实力持续增强。传统主营业务巩固提升,特别是农产品经营成为增速最快、体量最大的业务板块,上年销售额达到 2.2 万亿元,在全系统的占比较五年前提高 25 个百分点;一批龙头企业快速崛起,2021 年营业总收入超百亿元的达到 14 家;资产证券化步伐明显加快,培育了一批涉农领域上市公司。2021 年前三季度,社有企业营业总收入同比增长 20%,利润总额同比增长 37.6%。

二是转型发展初见成效。中农集团、安徽辉隆等农资企业围绕产前、产中、产后延伸拓展服务链,加快向农业综合服务商转型;中棉集团、湘茶集团等农产品企业打通生产、加工、销售环节,成为行业领军企业;新合作集团、四川老邻居公司等消费品企业适应疫情常态化防控要求,积极发展社区团购、无接触配送,推动线上线下融合发展。新经济增长点初步形成,2020 年,农业生产社会化服务面积为 3.2 亿亩次,同比增长 56.9%;电子商务销售额达 3982 亿元,5 年来年均增速超过 40%;物流业营业额达 116 亿元,是 2016 年的 4.5 倍;建成冷库库容 590 万吨,约占全社会的 9.7%。

三是项目投资有新突破。供销合作社系统立足流通主业,抢抓政策机遇,适应市场需求,瞄准痛点堵点,谋划和推进了一批发展前景好、带动能力强的大项目。2020 年全系统在建拟建亿元以上重点建设项目 99 个,总投资 390 亿元。

四是现代企业制度建设加快推进。坚持将法人治理结构作为公司制改革的核心,明确党组织和股东会、董事会、监事会、经理层职责,逐步健全决策执行监督机制。

五是资产管理体制初步理顺。各级联合社按照社企分开的要求,厘清职责边界,制定权责清单,探索创新社有资产监管方式,认真落实社有资产保值增值责任。目前,总社和 30 个省级社组建了社有资产管理委员会,29 个省级社组建了社有资本投资运营平台。

当前和今后一个时期,供销合作社社有企业将以推动高质量发展为主题,以提升为农服务能力为根本，以增强经济实力和市场竞争能力为中心，着力深化改革、创新转型、提质增效，不断做强做优做大，在全面推进乡村振兴、加快农业农村现代化中担负更大使命、作出更大贡献。一要加快建立健全现代企业制度。健全法人治理结构、深化产权制度改革、加强企业内部管理、把党的领导融入公司治理各环节。二要着力健全市场化经营机制。强化社有企业市场主体地位，深化劳动、人事、分配三项制度改革，探索开展多种方式的中长期激励。三要以务实举措推进联合合作。推进跨层级、跨区域联合合作，推进产业链上下游协同发展，注重加强与基层的合作。四要大力推进社有企业转型升级。推进传统业务提质增效，运用现代流通的理念、方式、手段等要素，改造传统流通业态，推动供销合作社主营业务向产业链、供应链、服务链上下游延伸。大力培育新动能，积极拓展电子商务、冷链物流、农村寄递物流、"第四方物流"、智慧供应链等业务，不断壮大新的经济增长点。提升县域流通服务网络功能，通过建设县域集采集配中心，开展县乡村物流共同配送，为农民提供质优价廉的商品，让农民在农村就能够享受到基本现代生活条件。优化社有资本布局，推动社有资本向为农服务主业集中，加快培育壮大一批龙头骨干企业。加快完善社有资产监管体制。

（二）全系统电子商务概况

1.棉花电商

北京全国棉花交易市场集团有限公司自成立以来，始终立足于"棉花供应链综合服务平台"的发展战略定位，全力打造交易、监管物流、资金、数据信息四大服务板块，并相应建成覆盖全国的客户服务网络和体系、棉花第三方监管网络和体系、业务运营和风险防控体系以及技术支撑体系四大业务保障体系。

自1999年至2021年7月，国家通过交易市场交易平台采购和投放政策性棉花4400多万吨，开创了我国储备物资由计划分配转向利用市场机制配置资源的先河。目前，交易市场交易商总数超过5000家，拥有覆盖全国主要棉花产销区和物流集散地的合作仓库100多家，为涉棉企业、合作银行等提供规范的棉花监管服务3500多万吨，联合合作银行累计为交易商提供直接融资1000多亿元，涉及1000多家涉棉企业，有效缓解了企业资金紧张状况，为服务"三农"、促进我国棉花产业健康发展作出了积极贡献。

2.农产品电商

中国供销电子商务有限公司依托"供销e家"全国平台资源、技术、服务等综合优势,提供交易服务、农村金融、数据开发等业务支持,努力构建以县域为基础、全国互联互通的供销合作社农村电商服务体系。

在财政部、农业农村部、乡村振兴局和供销合作总社的指导下,建设和运营脱贫地区农副产品网络销售平台("832平台"),该平台集"交易、服务、监管"于一体,实现农副产品在线展示、网上交易、物流跟踪、在线支付、产品追溯的"一站式"聚合,连接脱贫地区帮扶能力强、产品质量好、有诚信的企业、合作社、家庭农场等市场主体与中央预算单位、各级预算单位和非政府采购领域单位,为全社会广泛参与采购脱贫地区农副产品、推动各地消费帮扶目标的顺利实现提供支持。截至2021年10月,"832平台"实现入驻供应商超1.3万家,上架商品超22万款,注册预算采购单位超50万家,累计交易额突破150亿元。

二、社有企业发展成效

(一)社有企业联合发展加快推进

中国供销集团与地方供销合作社企业开展股权合作的力度不断加大。华东六省一市供销合作社定期就开展业务合作进行协调沟通,京津沪渝冀四市一省供销合作社围绕农产品流通体系开展区域协同合作。产业链纵向协作不断增强,内蒙古、吉林、黑龙江、江苏、重庆、甘肃、新疆等地供销合作社围绕农资供应、农业社会化服务、农产品购销、电子商务等领域组建了一批服务联盟,打破了产权和区域限制,扩大了产业服务规模。

(二)现代企业制度初步建立

一是建立企业经营机制。省社和部分县市社有企业按《中华人民共和国公司法》组建供销集团或投资公司,设立了股东会、董事会、监事会和管理层,建立了以激励约束为核心的企业经营治理机制。

二是补齐制度建设短板。供销合作社依法履行出资人职责,完善各项责任制考评办法,制定完善《关于全面实施预算绩效管理的实施意见》《直属企业资产租赁和经营业务承包管理办法》《社有企业违规经营投资责任追究实施办法》等制度,启用省社直属企业资金监管软件,加强资金归集管理,使各项制度更具合理性和可行性,进一步规范直属企业经营,调动企业员工的积极性。

三是完善用工分配机制。普遍实行全员劳动合同制,形成职工能进能出的劳动用工制度,建立了以业绩为导向的绩效考核评价体系和收入与贡献挂钩、能升能降的分配机制。在理顺劳动关系中能注重与《中华人民共和国劳动合同法》《关于全面实施预算绩效管理的实施意见》相衔接,保证用工制度改革顺利进行。

四是注重员工素质培养。结合实际制订员工培训计划,提高员工的综合素质。同时,根据自身发展需要,积极引进业务骨干和各种专业人才,保障企业可持续发展。供销集团、资产运营集团等实行总经理年薪制,充分调动了企业经营者主观能动性。

(三)结构调整取得一定成效

一是推进集团化管理运营。省社和县供销合作社已组建供销企业集团,推动社有资本向重点社有企业集中,培植壮大支柱产业和优势企业,推动企业规模化经营,促进企业转型升级。

二是加强资源整合和开发利用。省社将以资产经营为主的企业全部整合到资产运营公司,实行"几块牌子、一套人马"的管理方式,资金归集使用,切实降本增效,激发企业发展活力。

三是推进混改初见成效。供销合作社充分运用社有资产、经营网络等资源,对重点企业采取多种形式的股份制改造,努力实现投资主体多元化,切实转换企业经营机制;集中力量培植壮大重点企业,重点培植一批符合国家政策,市场前景广、潜力大,有竞争力,具有带动作用和影响力的大项目、好项目。

(四)经营服务领域有效拓展

一是大力实施传统经营网络的改造、整合、优化和提升,纵向延伸上下游产业链条。福农农资集团利用出口颗粒硫酸铵业务成立了混合所有制的鑫源肥业有限公司,省级农资集团厦门公司利用进口阿康复合肥组建灌包生产线,提高了企业对货源的掌控力。

二是通过供销集团的组建,推进纵向横向联合,开展多元化经营。例如福建省省社先后组建成立了福建供销农业服务有限公司等14家企业，社有企业经营服务领域不断拓展，在巩固传统的农资、日用消费品等经营阵地的同时，加快布局再生资源、冷链物流、电子商务等新兴产业。

三是应用连锁经营、物流配送等现代经营方式。开展农产品电商经营、农村快递物流、冷链物流、仓单质押贷款、增信担保贷款、城市立体停车等新业务，实现了经营规模和经济领域的双拓展。

（五）社有资产监督管理得到加强

建立社有资产管理委员会，完善各级社有资产管理办法，建立企业"三重一大"制度，切实履行出资人管理职责。

一是明确出资人职责，对企业改制、资产评估、产权转让、投资、资产收益、资产核销、融资担保等进行了规范管理，建立严格的资产运营和财务管理机制，确保社有资产的保值增值。各省相继制定《关于深化社有企业改革促进高质量发展的指导意见》，聚焦为农服务主业，推动社有企业转型升级。

二是成立社有资产经营管理机构。这为理顺社企关系、加强社有资产管理、建立出资人制度打下了良好基础。

三是改革企业工资分配制度。实行企业工资总额同净利润挂钩、工资总额包干的办法。同时，加强工资宏观管理，企业自主确定内部分配形式，把职工贡献大小同岗位职责和岗位效益挂钩、合理拉开收入分配差距。

（六）项目建设取得突破性进展

各地供销合作社加强组织创新、经营创新和服务创新，努力整合各类资源，通过盘活存量、挖掘潜力、招商引资、依托项目等方式争取政策扶持，筹集资金，引进技术，扎实推进"新网工程"建设。提高企业发展活力和竞争实力。有力推进基层经营主体与电商主体对接，实现线上线下融合发展。通过"新网工程"建设，全面恢复、拓展了供销合作社主营业务，并培育壮大了一批龙头企业。

三、供销系统社有企业发展困境

（一）发展不平衡，整体经济实力不强

从行业看，农资企业在市场上占有较大的份额，有一定的销售优势，而农产品、日用品、再生资源等传统主营业务有弱化趋势，市场占有率不高，多数企业仍然以资产经营收入为主；从联合合作看，各层级间的企业多数各自为战，没有形成有机的整体；企业联农带农能力不足，与农民专业合作社和农户的利益联结不够紧密。同时品牌服务、技术服务、优质服务等含量低，总体没有形成具有竞争力的产业。

（二）业务结构单一，市场开拓能力较弱

一是大部企业经营仍以传统业务为主，存在"守摊子、过日子"的迹象；二是社有资产经营盘活不够，单纯依靠收租金的比例大，产业转型升级缓慢。由于城市建设需要，部分资产面临被政府拆迁、收储，资产存量不断减少。整合物业资产的管理，提升资产经营效益亟待进一步探索。

（三）资产体量大，但质量较差

经过多年的发展，供销合作社社有企业积累了大量的社有资产，但这些资产质量不高，相当多的社有资产还没有得到有效开发利用，总体呈现出资产总量大效益少、企业数量大盈利企业少的势态，自身积累不足，发展缓慢，缺乏后劲，抗风险能力较差。

（四）体制机制不灵活，法人治理结构不够完善

治理机制不完善，市场化机制欠缺。社有企业在产业发展、业务创新、服务创新、财务管理创新等方面能力不足，市场化运作机制仍不够完善。这些企业虽然建立了公司制，但股东会流于形式、董事会责任淡化、监事会功能弱化、经营层积极性不高的情况不同程度存在，权责统一、运作协调、有效制衡的企业法人治理结构尚未真正形成。

据了解，省级社有企业中省农资集团、省棉麻集团等企业存在亟待解决班子成员不齐和人员老化的问题。部分企业董事会、监事会初步构建，董事会组成结构没有优化，董事会和经营层人员高度重合状况尚未解决，重大事项基本依靠企业领导班子会研究决策，董事会、监事会各自作用发挥不充分。中高层经营管理人才不足，部分企业经营团队开拓创新意识不够。企业经营班子成员市场化选聘刚刚起步，企业绩效管理、干部容错纠错等一系列制度文件还需要进一步落地落实落细。省供投集团所属一级企业省老邻居商贸连锁公司的企业管理制度已然比较健全，但"物本"观念强，强调对物料、固定资产、资金等方面的管理，"人本"理念还需加强，与行业优秀企业相比，员工薪酬待遇水平较低，老员工流失后很难招聘到位。中高层人员的激励机制参照上级单位规定，"下不保底，上按100%封顶"的规定限制了主观能动性的发挥，也无法吸引更多更优秀的人才，可能对企业今后发展带来不利影响。

（五）未及时建章立制，现代企业制度待完善

一是岗位考核制度不健全以财务人员为例，尽管大多数公司的会计或财务主管有多年的从业经历，但一些人员的工作质量仍未达到全面、真实、准确、及时的要求，提交的内部管理报表、重要财务数据或多或少存在漏报、错报甚至瞒报问题，无法给管理层决策提供有效参考，阻碍了财务监督工作的推进，与此同时，一些企业未完善相关岗位的职责考核，或虽有制定但流于形式。二是资产管理制度不健全。建立健全资产管理制度的意义在于维护企业资产的安全完整，合理进行资产配置，充分发挥资产的效能。省级农资集团公司针对资产管理主要有《车辆及驾驶员管理办法》和《资金财产损失责任追究制度》，这两项制度只涉及资产管理的一个方面，或只涉及资产管理的一个环节，并非一套完整系统的资产管理制度。省级农资集团下属分公司中存在无序调拨、任意处置、保管不善造成资产及物资损坏等问题。三是部分二级、三级公司管理制度零散化。省级农资集团部分下属公司大都直接执行上级公司规章制度，在自身制度建设方面缺乏系统性，建立的制度主要侧重于对销售业务、销售人员、赊欠款项的管理，制度设计缺乏全盘考虑，零散而不系统。据调研发现，有些公司在发现问题后才制定相关管理措施，头痛医头、脚痛医脚，有些公司有关管理办法经常改变，甚至与以前规定、上级明确的管理原则相悖，缺乏一贯性和稳定性，也有的

公司有关管理办法制定多年一直沿用,很少修订完善,内容中许多条款不适应目前形势和管理需要,无法起到应有的管控作用。

(六)内部控制不规范,制度执行不严格

近年来,供销合作社系统健全了监事会制度,完善了法人治理结构,大力推进社有企业重组、转型升级,取得了一定成效,但管理不规范的问题仍然较严重,全国各地供销合作社系统腐败案件频发,社有企业管理不到位导致巨额损失时有发生,反映出社有企业管理还存在较大差距。供销投资集团及下属一级企业大多对内部管理制度的贯彻落实相对到位,但下属一级、二级公司的执行情况并不乐观,即使健全了内部管理制度,因执行人员的素质、观念和态度问题,其固有的防范风险、控制舞弊、规范管理、会计信息质量保证的作用并没有得到充分发挥。某些下属企业涉及购销业务的《合同管理办法》和《商品赊销管理办法》往往得不到严格执行,致使一些应收款项不能及时收回、长期挂账甚至最终变成坏账,给公司带来经济损失;对《竞业限制管理办法》执行不严,以往有个别公司的业务领导和骨干在职期间兼职于业务竞争单位或自己的公司,从事与本单位竞争的业务,甚至经营同类产品,损害了公司利益,但公司并未对其采取严格限制、解除劳动关系、追究经济责任的措施,也有的领导离开农资集团系统后,未遵守离职竞业限制管理规定和个人承诺,在限制从业期内聘任到竞争单位工作,但公司并没有根据有关规定追究其法律责任;一些基层经营单位的财务基础工作薄弱,未能严格执行《财务管理制度》,业务操作不规范,收付款事项事先未经会计审核就移交出纳办理业务,会计未起到监控经济活动的作用;单位负责人对会计也缺少复核与监管,致使会计出错率较高、会计报表数据严重失真,内控管理的最基本要求也未做到。南充市供销社个别基层社社有企业,尤其是地处广大农村的社有企业,网点分散,规模小,一人多岗现象严重,有的没有设置独立的会计机构,有些除出纳外,会计全部聘任兼职人员担任,有的将财务、会计、出纳三个岗位交给一个人完成,内部管理混乱、不规范,容易出现失控现象。

(七)企业人才匮乏,经营管理能力亟待提高

从调研过程中反映的情况来看,改制以后,系统社有企业中原有一些懂经营、善管理的人才脱社外流较多,现有人员老化严重,思维方式和管理能力跟不上市场竞争和企业发展需要;企业经营效益不佳,收入水平不高,无政策资源优势,缺乏吸引力难以新陈代谢。企业员工年龄结构普遍老化,知识结构不合理,思想保守,责任感、使命感和紧迫感不强。部分企业一线开展业务的人员数量不足,业务和管理人才后续梯队严重不足。

一是缺乏专业管理团队。新组建企业普遍缺乏专业管理团队,在业务发展上步步受到掣肘,靠摸着石头过河且成效甚微。老企业骨干团队逐步老化,缺乏年轻优秀的管理人才和专业技术人才,在新业务拓展上始终不能开拓局面,取得应有的经济效益。

二是因股份制改革试点受限、激励约束机制、薪资水平等影响,出现个别优秀管理人才和专业技术人才外流。有些企业管理比较松散,难以引进高端企业经营人才。

三是企业职工年龄结构老化,干事创业积极性不高。企业经营效益不佳,收入水平不高,无政策资源优势,缺乏吸引力难以新陈代谢。企业员工知识结构不合理,思想保守,责任感、使命感和紧迫感不强。部分企业一线开展业务的人员数量不足,业务和管理人才后续梯队严重不足。部分企业领导班子和员工思想有偏差,对企业发展不看好,工作积极性不高,经营决策倾向保守,遇到问题矛盾上交,不敢担责不敢决策。企业干部职工年龄偏大、知识结构老化,开拓创新能力不足,思维方式和管理能力还跟不上市场变化和企业发展需要现象突出,经营管理人才总体缺乏,企业文化建设总体滞后。在省农资集团邦力达公司川南公司调研时发现,员工年龄大多在40岁以上,只有3个业务员,同时行业对年轻人吸引力不足,单个业务员负责的市场过大,不利于市场的深耕细作,同时传统行业、传统激励机制对年轻人吸引力也不足。

(八)缺乏创新意识

经过多年的发展,供销合作社社有企业已拥有一支庞大的队伍。但在现在的社有企业中,职工年龄结构老化、知识弱化已成为较突出的问题。社有企业

效益不好加剧了人才流失和人才引进困难,影响社有企业的可持续发展。目前社有企业人员呈现出封闭性特点,创新意识淡薄。

四、全国供销合作社社有企业发展的对策建议

(一)持续深化改革,加快建立现代企业制度

一是深化产权制度改革。各级供销合作社要全面摸清所属企业的现状,分类推进公司制改革。对长期停业歇业的企业加快清理,对正常经营的企业制定切实可行的改制提升方案,做到应改尽改。稳妥推进混合所有制改革,立足靠大联强,充分发挥供销合作社的资源、渠道优势,通过投资参股、联合投资、重组并购上下游企业等方式发展完整产业链,增强社有资本活力,放大社有资本功能。推进社有企业管理层和员工持股,规范资产评估,明确定价机制,建立健全股权流转和退出机制。

二是健全社有企业法人治理结构。稳步推进董事会规范化建设,健全董事会工作规则等基础制度,完善董事选聘、考核评价、薪酬管理等办法;明确董事会对经理层的授权原则、管理机制、事项范围、权限条件等主要内容,保障经理层经营自主权;严格落实总经理对董事会负责、向董事会报告工作机制,进一步强化监事会监督成果运用,强化日常工作监管。

三是推进管理体系和管理能力现代化。充分运用现代管理理念,深化"互联网+"在企业管理中的运用。积极推动"智慧供销"体系建设,加快建立行之有效的数字化治理体系。加强各类风险管控,进一步完善资金监管系统,健全企业内部控制、财务风险跟踪监督等长效机制,并定期对企业的财务状况进行审查和监督,对发现的重大风险隐患及时整改,有效排除和化解风险隐患。

(二)探索创新体制,健全市场化经营机制

一是深化"三项制度"改革。深化社有企业劳动、人事、分配"三项制度"改革,建立健全以合同管理为核心、以岗位管理为基础的市场化用工制度;社有企业经理层成员要全面实行任期管理,按照约定严格考核、兑现薪酬;大力推行员工公开招聘、管理人员竞争上岗、末位淘汰和退出等制度,真正做到管理人员能上

能下、员工能进能出、工资能增能减;根据不同社有企业功能定位和行业特点,实行社有企业工资总额分类管理制度;建立健全按业绩贡献决定薪酬的分配机制,合理确定不同岗位工资水平,推动薪酬分配向骨干人员和一线工作人员倾斜。

二是灵活开展中长期激励。各级供销合作社要支持社有企业结合实际情况,综合运用虚拟股权、超额利润分享、专项特殊奖励等长效激励方式,同时强化业绩考核,实现激励与约束相统一;探索建立社有企业发展基金,对开展上市公司培育企业、创新领域为农服务企业等进行专项扶持;开展优秀经营者和优秀员工评选活动,激发和调动员工勇于担当、创新创业的精气神。

(三)聚焦主责主业,优化社有资本布局

一是推动社有资本向为农服务主业集中。对从事农资、农产品、日用消费品、再生资源等传统主营业务,继续保持社有资本相对控股地位;依托福建省特色农产品,持续打造"福茶""福菌""福米""福水"等"福"字号系列农产品;建设"福供优选"农产品推广服务平台,做好"一县一周"名特优农产品展示展销活动,探索建设供销海丝茶产业园,打造福建供销农产品集采集配供应链;组建专业性农业服务公司、新型庄稼医院、智能配肥站等综合服务实体。

二是推进专业化整合。认真梳理社有企业的业务现状,根据不同行业、产业链不同环节等,对现有业务(企业)进行优化整合,切实解决内部同业竞争、重复投资等问题;指导设区市社和有条件的县级社进行整合资源,通过设立社有资产经营管理公司、社有资本投资运营公司等平台,以股权管理、资本运营、投资融资和项目建设为重点,实现社有资产保值增值。

三是推进传统业务转型升级。农业生产服务企业要规范建设生产性服务中心,在重点地区建设区域性农业全产业链综合服务中心,开展覆盖全程、综合配套、便捷高效的农业社会化服务;商贸流通企业要加快数字化、连锁化转型,发展多层次、多样化、便利实惠的生活服务;再生资源企业要持续推进再生资源回收利用网络与环卫清运网络"两网融合",积极开展农村环境服务,参与农村人居环境整治和农业面源污染防治,与农资流通企业合作开展农膜、废旧农药瓶回收等业务,从源头解决农业面源污染问题;统筹推进基层社资产盘活利用和经营服务网点改造提升,通过建设乡镇惠农综合服务中心,打造为农服务综合体,为农民群众提供农产品购销、农资供应、日用消费品销售、快递物流等为主

的"4+N"便民利民综合服务，逐步改变以承包和租赁为主的基层社资产运营模式，形成连锁化、品牌化、规模化经营服务格局。

四是培育发展新动能。在巩固提升近年来福建省"新网工程""惠农工程"建设成果基础上，积极探索新业态、新模式、新经营机制；加快推进"供销物联网""智慧供销"建设，建立农产品溯源体系、营销体系，实现线上线下融合发展；加快推进"中央厨房"二期工程建设，启动"供销物流""智慧冷链"等冷链物流骨干网项目；充分利用"保供促销工程"专项资金，重点扶持全省各级供销合作社加快建设农村现代流通服务网络体系、城乡供销物流体系、农业社会化服务体系和再生资源回收利用体系。

（四）加快发展步伐，构建联合合作机制

一是推动跨区域横向联合和跨层级纵向整合。坚持开放办企业，围绕产业发展、资源掌控、管理提升等战略目标，依托农资流通、农业社会化服务、日用消费品销售、农产品流通、资源再生利用、冷链物流服务等传统优势产业，鼓励有实力的社有企业实施跨层级、跨行业、跨所有制并购重组和联合合作，积极培育大型企业集团；建立强社带弱社对接合作机制，通过合作兴办企业、联合投资项目等形式，构建社有企业共赢发展格局。

二是推进产业链上下游协同发展。社有企业要结合自身优势和主责主业，有针对性地优化业务结构和商业模式，做强产业链供应链服务链，成为引领带动作用突出的"链长"企业；积极参与"三位一体"综合试点有关工作，通过发展增信服务、融资担保等金融服务，补上产业链、供应链短板，推动优势资源向为农服务企业聚集；建立产研用协同创新机制，引导社有企业和省内高校、科研院所对接合作，提高科研成果质量，推动科研成果转化，提高为农服务的科技含量。

三是推进龙头企业带动基层发展。各级供销合作社要支持龙头企业通过项目合作、产业共建、搭建联盟等方式构建农业产业化联合体，带动基层社和新型农业经营主体发展；积极参与"县域流通服务网络建设提升行动"，加快乡镇惠农综合服务中心示范点建设，发挥示范引领带动作用，形成各级联合协同推进的工作格局。

(五)改进监管方式,完善资产监管体制

一是健全社有资产管理制度。建立社有资本经营预算制度,推动社有资本收支预算与社有企业全面预算有机衔接;完善社有企业负责人经营业绩考核制度,对不同类别的企业,制定不同的考核重点,实施分类考核;完善社有资本保值增值机制,强化资本收益目标和财务硬约束;健全对社有企业规划、投资、财务、选人用人、责任追究等重点领域的管理制度,完善产权登记、产权流转、资产评估、清产核资等基础管理制度,全面建立社有资产清单,对社有资产实行动态管理,确保社有资产安全。

二是完善社有企业监管机制。健全出资人监管机制,加强事中事后监督。发挥联合社监事会对社有资产保值增值、财政资金使用和企业重大投资、并购重组、资产运营情况的监督职能;综合运用财务会计、内部审计、履职报告、经济责任审计、纪检监察、法律顾问意见等多种途径,加强信息沟通、工作对接,形成社有资产监管合力。

(六)加强人才培养,激发企业发展活力

一是要优化选人用人机制,拓宽人才引进渠道,积极探索企业经营者市场化选用、考核和激励机制,完善企业经营者绩效考核办法,提高企业负责人经营管理水平。同时,应积极与高校合作,围绕供销人才的特殊需求提出定制化要求,实施定向培养。

二是加大日常人员培训力度,完善培训体系和培训计划,及时更新管理人员知识结构。要立足企业人员年龄结构老化的现实,加强人才队伍梯次建设,尤其是通过资本和股权合作,积极引进战略投资者和符合市场要求的企业经营管理模式,吸引真正懂管理、善经营、勇创新的人才加入团队中,提升企业经营管理水平,不断激发企业活力。

(七)正确把握推进社有经济高质量发展的总体要求

1.把握推进社有经济高质量发展的基本导向

按照推进乡村振兴和农业农村现代化、建设共同富裕示范区的目标任务、现实需要,对标对表供销合作社的组织属性、职责定位和社有经济的初心使命、功

能定位，推进社有经济高质量发展应坚持以下基本导向。

(1)资本布局主业化。坚守社有资产为农服务属性，始终把为农服务作为社有经济主责主业，不断推进社有资本向为农服务重点领域、骨干企业集中，保持为农服务企业控股地位，提升为农服务企业核心竞争力。有序发展多业经营，推动优势企业重组弱质企业，妥善处置好问题资产、低效资产、风险资产，防止社有资产损失和流失。

(2)发展格局体系化。摒弃点状发展、各自发展方式，强化全省一盘棋、上下一体化经营策略，完善横向联合、纵向合作机制，聚焦农资生产仓储配送经营、农产品仓储冷链物流配送经营、消费品仓储物流配送经营、农机具生产经营维修、再生资源分类回收利用等为农服务领域，打造数字化供应链一体化服务体系，着力消除同业同质竞争。

(3)区域层级联动化。推进区域间、层级间优势互补、联动发展，扩大跨区域、跨层级产业链、供应链、服务链各环节主体合作化联结。鼓励各层级优势企业、优势行业跨域发展，建立县级结对帮扶、层级合作发展长效机制。引导外贸企业与内贸企业联动发展，优势企业到省外、国外发展，促进社有经济开放发展、均衡发展。

(4)绿色发展普及化。打造"绿色供销"，强化社有企业生态伦理和环保责任，推进社有经济绿色发展，扩大专用肥、配方肥定制和统施服务，以及非化学农药生产经营，加快可降解农膜研制，推行秸秆综合利用、土壤改良修复服务，推广农业节水技术设施，发展绿色食品、有机农产品认证和管理服务，推进垃圾分类回收与再生资源回收"两网融合"。

(5)发展成果共享化。打造建设共同富裕示范区"供销阵地"，推动有条件社有企业、基层社带动农民合作社、村经济合作社、小微组织、"两回"人员发展新型合作经济，打造产业链、产业群利益共同体和共创共享共富平台。完善和扩大社有企业员工创业制，推进基层社合作化改造，着力恢复基层社的合作经济组织属性。

(6)运营管理数字化。抓住浙江省推进数字化改革机遇，推进为农服务、社有经济数字化改革，开发推广数字农合联、数字供销合作社和各领域数字化供应链，建设为农服务云平台、数据库和可视化、场景化、集成化应用平台，打造农产品冷链物流数字化运管平台，开发应用社有资产数字化监管平台和社有企业数字化运管平台。

（7）改革创新常态化。不断增强社有企业科技创新能力，改造升级现有装备设施、生产工艺和服务技术，优化产学研协同机制，重塑产业发展优势。持续深化社有企业管理体制和经营机制改革，完善以薪酬、股权管理制度为核心的社有企业管理制度，建立社有企业以商兴农机制。创新县基一体化发展模式，激发基层社发展活力。

2.把握推进社有经济高质量发展的思路目标

总体思路以习近平总书记"七一"重要讲话和对供销合作社工作重要指示为根本遵循，以适应农业农村现代化、商贸流通现代化和共同富裕示范区建设为战略导向，以提升为农服务能力和综合经济实力为核心，以持续深化"三位一体"改革和加快推进为农服务数字化改革为动力，聚焦主责主业，优化资本布局，扩大合作联合，健全治理体制，推进社有经济高质量发展和为农服务现代化。发展壮大一批为农服务"链长"企业，培育推进一批企业上市，谋划建设一批现代为农服务标志性项目和新型合作经济示范性项目。

（八）大力抓好推进社有经济高质量发展的主责主业

社有经济源于为农服务，壮于多元经营，归于为农服务。推进社有经济高质量发展必须把为农服务作为主责主业，推动社有企业和基层社开拓为农服务新领域，在服务乡村振兴、农业农村现代化和全体农民共同富裕中勇于担当、主动作为、当好龙头。

1.创新农业生产服务

推动社有企业和基层社打造覆盖全程、综合配套、便捷高效的农业生产服务体系，发展农资供应、种苗育供、农技推广、农机作业、土地托管、统防统治等组合式综合服务，不断满足新型农业经营主体的发展需求。

一是推进现代农资经营服务体系建设。构建以农合联平台为依托、省市骨干农资企业为龙头、市县农资企业为主体、庄稼医院为基础、产权和服务为纽带、数字化运管为支撑的层级互补、上下联结、联购联销、统筹协调的现代农资经营服务格局，推动社有农资企业发展专用肥料定制服务和农作物全生命周期综合服务，把供销合作社保留最完整的"老本行"擦亮做强。联合市县社设立区域性公司，构建现代农资综合服务网络。

二是推进农机具经营服务体系建设。引导有实力的社有企业进入农机具经营服务行业，合作兴办农机具展销会，培育区域性农机具经营服务企业，带动适用农机具研发制造、销售及售后服务，构建农机具数字化供应链一体化服务体系。

三是推进现代种业服务体系建设。发挥社有控参股种业企业的作用，联合涉农科研机构、高等院校，发展农产品新品种研发、引进、繁育、推广服务和优质传统特色农产品品种提纯、复壮、繁育、扩产服务；推动县级社发展种业服务，引导相关社有企业和基层社利用乡镇农合联、产业农合联平台，建设种子繁育基地，开展引种示范、育苗供苗等服务，尽快形成县县都有种业服务公司的局面。

四是推进农技研发推广体系建设。鼓励有实力的社有企业采取柔性引进农技专家的方式，创建现代农业研究院、农业技术研发中心等，推进绿色智慧高效农业技术研发，利用产业农合联、乡镇农合联，迭代发展土壤改良、配方施肥、种植养殖、统防统治、采摘储运、包装物流等全产业链现代农技综合配套服务。

2.提升城乡商贸服务

抓住县域现代流通体系建设的机遇，发挥供销合作社独特优势，全面拓展和创新供销服务。

一是加快县域消费品物流配送体系建设。支持社有企业联合外部相关企业建设县域消费品仓储配送中心、城乡商贸服务中心，发展消费品物流配送服务，推动乡村小微主体、农户建设村级综合服务社，健全以"县城超市、乡镇商贸综合体、村级综合服务社"为载体的县域消费品流通服务体系，扩大安全放心消费品供给服务覆盖面。

二是加快农产品冷链物流服务体系建设。支持兴合集团与有关企业合作建设浙江供富冷链物流体系，推动市县社有企业联合现有冷链物流资源培育冷链物流区域性龙头企业、基层社联合乡镇农合联和产业农合联有关会员建设生产端冷链项目，打造，集仓储冷链、分拨配送、中央厨房、配套服务等功能于一体的智慧化、网络化、综合化冷链物流体系及数字化管理平台。

三是加快农产品集采配送体系建设。引导农产品集采配送社有企业联合区域内相关企业，发展统一的区域性农产品配送服务，为单位食堂、大型商超、农批市场、农贸市场、餐饮企业等提供集配服务，为城乡家庭提供宅配服务。支持兴合集团有关成员企业通过并购、联合等形式，发展农产品集采集配服务，形成一头服务和联结优质农产品基地，一头联结和配供网易严选、云集、阿里盒马等高端销售平台的发展格局。

四是加快品牌农产品联购联销体系建设。培育品牌农产品数字化供应链"链长"企业，组织销售端企业联结产业农合联，形成以供应链"链长"企业为中心、带动专供基地生产、推动专营企业销售的格局；推动区域农业公用品牌企业化、专业化运营，发展品牌农产品展示展销、连锁专营、线上销售、团购团销等服务。

五是探索农产品市场委托运管服务。开展农批农贸市场数字化、智慧化改造升级试点，打造农产品市场委托运管模式及其管理团队、管理品牌，以组建管理公司、输出运管模式的方式，发展跨区域农产品市场委托运管服务，提升全省农产品市场运管水平。

3. 优化农村信用服务

顺应新型农业经营主体创业发展的需要，利用农合联平台，引导社有企业与农信机构等金融机构协作，优化和创新农村信用服务。

一是创新信用贷款服务。引导金融服务类社有企业利用数字农合联平台，发展以生产经营数据为信用资源、信息对称为信用基础、配套服务协同为信用保障的供应链金融服务。指导小额贷款公司、资金互助组织加强规范运作和风险管控。

二是创新贷款担保服务。引导担保服务类社有企业创新担保服务，加强稳健运行；与当地农信机构协作，探索农地经营权、农房财产权、林权等抵押融资中介服务。推动省农信担保公司完善担保服务代办机制，扩大对农合联会员100万~300万元贷款担保服务。

三是创新农业保险服务。引导保险公司、保险互助组织利用农合联、供销合作社组织体系和政府支持政策，创新和扩大特色农业保险、信贷保证保险服务，尽快实现对农合联生产类会员保险全覆盖。

四是开拓新型金融服务。引导中茶拍融资租赁公司、东海商品交易公司探索开展农机具融资租赁业务、特色农产品交易服务。

五是完善风险共担机制。加快建立以农合联为平台、政府支持为支撑的信贷风险补偿机制及损失弥补机制，形成政府支持下农合联、金融机构、担保机构、保险公司共担信贷风险的格局。

4. 发展城乡环境服务

引导再生资源回收利用社有企业与外部相关企业合作，培育和打造环境服务龙头企业，参与、拓展和创新环境服务。

一是扩大垃圾分类回收利用服务。推动社有企业顺应无废城市、无废乡村建设的要求，培育和引进环境服务龙头企业，构建数字化垃圾分类回收服务体系，扩大生活垃圾分类回收和资源化利用服务覆盖，提升农膜、农资包装物回收水平，发展工业固废分类回收和资源化利用服务。

二是推进秸秆利用和土壤改良服务。推动再生资源集团与各地供销合作社再生资源利用企业合作，优化秸秆综合利用装备技术和利用机械，开展秸秆收购、仓储、加工、销售服务，推广中小型秸秆利用设备。引导再生资源社有企业以特色农作物生长需求为导向、土壤退化防治为基础、重金属污染治理为重点，提升土壤改良修复技术，推进秸秆利用和土壤改良结合，开展对规模化生产基地土壤性状、土壤肥力的检测服务，有针对性地实施土壤改良，推动以优化土壤性状、提高土壤肥力为核心的高标准基本农田建设。

三是发展环保产业。引导有条件的社有企业与有关企业合作发展环保装备制造、再生资源利用产业，研发生产推广厨余垃圾回收利用、秸秆利用等装备设施和可降解农膜。

5.开拓乡村消费服务

顺应城乡居民生活消费大升级、城乡消费大循环的趋势，利用供销合作社联结工农、沟通城乡的优势，推动社有企业和基层社发展乡村消费服务。

一是发展乡村新消费产业。按照生产、生活、生态"三生融合"，历史文化、地域文化、产业文化"三文融合"，一产、二产、三产"三产融合"的要求，深度挖掘乡村文化根脉资源，广泛利用现代科技手段，为乡村各类小微主体发展观光旅游、休闲运动、农事体验、认种认养、健康养生、文创工艺、民宿餐饮、小吃特产等乡村消费新产业、新业态提供创业平台。

二是发展乡村新消费服务。引导有条件的社有企业与有关企业合作，构建乡村消费产业发展、主体创业、居民体验的服务平台及运行机制，让美丽乡村既成为宜业、宜居、宜游的好去处，也成为社有经济扩内需、畅循环、促增长的新基点，引领乡村消费新需求、新方式。

五、深化社有企业改革,加快推进社有企业提质增效

社有企业是供销合作社经营服务体系的重要支撑,是供销合作社自身经济实力和为农服务能力的重要体现。近年来,社有企业改革发展迈出坚实步伐,经营业务不断创新,发展活力明显增强,经济实力和为农服务能力显著提升,社会贡献持续加大。面对我国经济发展进入新常态,农业发展方式加快转变,流通领域的组织方式、经营模式加速变革的新形势新挑战,社有企业还存在体制机制不顺、经营管理粗放、转型发展缓慢、竞争能力不强等问题。为进一步推进社有企业改革发展,加快转型升级,实现做强做优做大,现提出以下意见。

(一)建立健全现代企业制度

(1)推进公司制股份制改革。加快社有企业公司制改革步伐,促进企业经营机制转换。公司制改革要根据社有企业的功能定位与"三农"的关联度,因企制宜设置股权。供销合作社组建的社有资本投资运营公司应保持全资或绝对控股,确保控制力;对服务农民生产生活和关系政府宏观调控的农资和重要农产品骨干企业、有特殊监管要求的企业、公益性较强的企业,要保持社有资本控股地位,确保为农服务方向和公共利益,同时要形成合理的治理结构和市场化经营机制;其他企业可以进一步放开搞活。确实需要时,可采取特殊管理股股权管理办法。通过改制上市、并购重组、发行可转债等方式,逐步调整社有股权比例,形成股权结构多元、股东行为规范、内部约束有效、运行高效灵活的经营机制。

(2)健全公司法人治理结构。充分发挥社有企业董事会的决策作用、监事会的监督作用、经理层的经营管理作用、党组织的政治核心作用,形成协调运转、有效制衡的法人治理结构。落实董事会依法行使重大决策、选人用人、薪酬分配等权利,规范董事长、总经理行权行为,保障经理层经营自主权。加强董事会内部制度建设,社有全资和绝对控股企业的董事会和监事会均应有职工代表,根据不同企业实际探索建立外部董事、独立董事制度,切实实行董事会一人一票表决制度。供销合作社要强化对董事会中社有资本股权代表的考核评价和管理,对重大决策失误负有直接责任的要及时调整或解聘,并依法追究责任。

(3)深化人事制度改革。各级供销合作社要依法依规加强对社有企业领导

人员的选任和管理,按照党管干部原则与董事会依法产生、董事会依法选择经营管理者、经营管理者依法行使用人权相结合,严格选拔领导人员,加强任期管理和目标考核。要从有利于企业长远发展和激发内部活力出发,拓宽选人用人视野和渠道,建立健全企业各类管理人员社会公开招聘、内部竞争上岗等制度,普遍实行新进员工公开招聘制度,做到信息公开、过程公开、结果公开,不断提高企业经营管理人员职业化、专业化水平和职工队伍整体素质。依法依规构建和谐劳动关系,建立健全以合同管理为核心、以岗位管理为基础的市场化用工制度,真正形成企业各类管理人员能上能下、员工能进能出的合理流动机制。

(4)强化激励约束机制。落实企业内部的薪酬分配权,由企业依法依规推行以全员绩效考核为基础、工资增长与企业发展相挂钩、合理拉开收入分配差距、有利于充分调动广大职工积极性的分配机制。严格规范履职待遇、业务支出,对企业领导人员实行与选任方式相匹配、与企业功能定位相适应、与经营业绩相挂钩的差异化薪酬分配办法。对供销合作社任命的社有企业领导人员,合理确定基本年薪、绩效年薪和任期激励收入。对市场化选聘的职业经理人实行市场化薪酬分配制度,参照劳动力市场确定薪酬待遇,明确兑现条件、方式、期限等。积极探索建立对企业经营业绩和持续发展有直接或较大影响的经营管理人员、业务骨干、技术人才的任期激励机制,采取虚拟股权、岗位分红等方式,根据考核、审计结果行权兑现,并健全延期支付、追索扣回等约束机制。社有企业增资扩股、出资新设时,可根据企业发展实际设置少量股份探索试行员工持股激励机制。股权激励要建立进入、流转和退出机制,对利益回报、退出期限、退出方式等通过章程、协议作出明确、严格的规定。

(5)加强企业内部管理。强化制度建设,推进精细化、规范化管理,通过实行战略管理、风险管理、流程管理、目标管理、成本管理、卓越绩效模式等现代管理方法保障企业规范运行,节能降本增效。认真落实"三重一大"民主决策制度,建立健全全面预算管理、财务监督、内部审计、重大事项报告及重大信息公开制度。健全以职工代表大会为基本形式的企业民主管理制度,加强企业职工民主监督。建立企业重大决策失误和资产损失责任追究制度,加强重大投融资和资产处置的审批(备案)和监管。提高管理信息化水平,建立全面覆盖、动态跟踪、信息共享、功能齐全的企业管理信息化平台。建立健全企业法律顾问制度,全面推进依法治企,进一步提高社有企业依法治理水平。

(二)推进资源整合联合发展

(1)整合重组本级社有企业。各级供销合作社要结合自身实际,大力推进本级社有企业整合重组,采取合并、划转、并购等多种方式,将优质资源向骨干企业和服务当地主导产业的企业集中,培育核心竞争力,发挥独特优势,促进主营业务做实做强。坚决重组或关停长期亏损、扭亏无望的企业,依法破产资不抵债的企业。鼓励有条件的地方整合社有企业成立企业集团、社有资本投资运营公司,优化经营结构和资产结构,提升规模经营实力和抗风险能力。建立优胜劣汰市场化退出机制,加快处置低效无效资产,提高社有资本投资效率。集团公司要依法依规加强对成员企业的管控,公司层级原则上控制在三级以内。

(2)推进跨层级跨区域联合合作。围绕产业发展、资源掌控、管理提升等战略目标,鼓励有实力的社有企业实施跨层级、跨行业、跨所有制并购重组、联合合作。在农资、棉花、粮油、鲜活农产品、日用消费品、再生资源等重要涉农领域,培育一批主业突出、充满活力、竞争力强的大型企业集团。推进社有企业横向联合和纵向整合,加强各层级社有企业间的产权、资本和业务联结。创新社有企业联合的方式和手段,强化产业链和"互联网+"思维,打造关联经营的产业集群和电子商务平台。强化系统"一盘棋"意识,协调好相互利益关系。中国供销集团要以品牌、项目、资产、业务为纽带,加强与系统企业的联合合作,发挥为农服务"国家队"作用和对系统的引领带动服务作用;各省级社有企业要积极推进与市、县级同类企业的资产、业务、渠道整合,努力形成上下贯通、布局合理、运转高效的经营格局;市、县级社有企业要主动靠大联强,利用基层经营服务资源,加快区域网络建设,成为上级社企业开拓农村市场的合作伙伴和重要依托。

(3)发展混合所有制经济。鼓励社有企业抓住国有企业混合所有制改革的有利时机,与国有企业进行股权融合、战略合作,涉入与为农服务相关联的能源资源开发、公用事业发展等领域。以城乡公共服务、现代农业技术、生态环保产业为重点,对发展潜力大、成长性强的民营、外资企业进行股权投资,促进社有企业转换经营机制,提高社有资本配置和运行效率。充分发挥社有资本投资运营公司的资本运作平台作用,通过主动参与国有企业改制重组或国有控股上市公司增资扩股以及企业经营管理、积极参与优质非公有企业增资扩股、收购有发展潜力的社会小微企业等方式,发展混合所有制企业,拓大社有资本功能,增强社有企业应对市场的敏感性和灵活性。鼓励其他资本投资主体通过出资入股、收购股权、认购可转债、股权置换等方式,参与社有企业改制重组或社有控股上市公司增资扩股。发展混合所有制企业要积极稳妥、依法依规、严格程序、公开公正,坚持同股同权,明确股东的法律地位,切实维护股东在资本收益、企业重大决策、选择管理者等方面的合法权益。

(三)促进传统产业转型升级

(1)农资企业向农业综合服务企业转型。推进农资销售服务与农业技术服务、生产作业服务、产品加工服务相结合,开展农资供应、测土配肥、农机作业、统防统治、农产品收储加工等全程社会化服务,将服务链条延伸到农业生产全过程。更加注重服务体验和解决方案,面向家庭农场、专业大户、农民合作社等规模经营主体开展"个性化定制"服务。推进农资服务组织创新,积极发展现代农业综合服务中心、庄稼医院、农资服务合作社、基层经营网点等。积极参与大田托管和土地流转,领办创办农民合作社及其联合社,提升生产经营服务能力。拓展经营领域,开展种子、农机具、成品油等经营业务。加强与科研机构合作,开展新型优质农资产品和现代技术装备的研发和运用,向农民推广节肥、节药、节水技术,科学合理施肥施药,减少土壤面源污染。加快建立农资商品质量可追溯体系,保障农产品质量安全,促进农业可持续发展。社有农资企业要积极承担化肥、农药等政府储备任务。

(2)农产品企业向综合经营企业转型。引导和支持农产品企业从单纯的农产品流通向产前产中延伸,联合农民合作社发展商品生产基地,建设农产品集配中心,开展农产品加工业务,努力打造覆盖生产、加工、仓储、物流、销售等全产业链的经营服务模式。依托地方主导产业,培育特色产品品牌,提升农产品附加值。发展连锁经营、配送专卖、社区超市等,推动建立多种形式的农产品产销对接,实现农产品质量可追溯。有条件的社有企业要积极承接政府控股农产品批发市场的建设、运营、管护,积极参与大宗农产品政策性收储。棉花企业要主动应对市场变化,向棉农提供系列化服务,促进棉花生产向规模化、集约化方式转变;加大围绕主业并购重组、联合合作力度和步伐,向大型综合贸易服务商发展;借助国家实施棉花现代物流规划有关政策,提高棉花流通效率,为纺织企业提供优质服务;开展棉花深加工,拓展经营领域,提高综合效益。不具备产业升级条件的棉花企业,要围绕当地新兴产业和经济社会发展需要果断实行转型转业。

(3)日用消费品企业向线下线上融合发展转型。加强连锁经营体系和物流配送能力建设,进一步提升网络运营水平和覆盖面,加快形成连锁化、规模化、品牌化经营服务新格局。积极开展电商网络零售业务,拓展移动互联网营销应用 App,实现线下线上经营协同发展。以互联网思维推进流通方式创新,不断发展新型经营业态,努力满足城乡居民多样化、多层次消费需求。关注客户需求变化,开发个性化、体验式服务,发展融购物、休闲、教育等多元服务有机结合的体验式商业,创造需求,引导消费。

(4)再生资源企业向综合利用环保企业转型。加强与汽车、家电、钢铁、造纸等生产加工企业合作,拓宽收废用废渠道。引进先进技术和设备,提升废旧物资综合加工利用水平。积极运用信息互联网技术打造第三方交易平台,通过线上服务平台和线下服务网络,发展线上投废、线下物流回收利用模式。抓住政府大力推进美好乡村建设的机遇,主动承接相关基础设施改造建设项目,积极开展农村废弃物和垃圾处理、秸秆综合利用等业务。因地制宜规范建设城乡社区回收网点、专业化分拣中心、区域集散交易市场和综合利用处理基地,形成回收、分拣和加工利用一体化经营的再生资源回收利用体系。各级供销合作社要积极帮助社有企业争取政府再生资源回收利用和农村环境治理等方面的政策和资金支持。

(四)拓展经营服务领域

(1)参与发展现代农业和休闲农业。适应传统消费提质升级、新兴消费蓬勃兴起的新变化,发挥社有企业一头连接生产、一头连接消费的优势,以市场为导向,积极引导和参与发展特色农业、品牌农业、生态农业、休闲农业。把新技术、新业态、新商业模式和文化创意引入农业,发展农产品精深加工,开发农业多种功能,延长拓宽农业产业链和价值链,促进农业与第二、第三产业融合发展。坚持供销合作社服务"三农"的价值理念,与农民建立利益共享机制,真正让农民群众从一、二、三产业融合发展中获得更多收益。积极投入脱贫攻坚战,帮助贫困地区、贫困群众发展生产、脱贫致富。

(2)加快发展电子商务。发挥系统传统优势,集中系统内外资源,全力打造全国供销合作社系统统一的综合性电子商务平台,广泛开展具有供销合作社特色、面向城乡的电商业务。着力发展农产品电子商务，构建农产品流通企业、采购商、生产者紧密合作的农商产业联盟，形成集网上交易、供应链管理和社会化服务等于一体的电子商务平台。努力拓展农村电子商务，培育和发展电子商务企业，对基层供销合作社经营网点进行信息化改造，建设乡镇配送中心和农村电子商务代购代销点、取货点、智能快件箱等，打通农村电子商务和物流配送"最后一公里"，扩大农村消费。社有企业要着力提高电子商务应用水平，有条件的企业要积极打造电子商务平台，利用移动互联网、地理位置服务、大数据等信息技术提升流通效率和服务质量。省级供销合作社要统筹建设区域性、专业性电子商务平台，指导市、县企业发展电子商务，切实做好与"供销 e 家"全国电商平台的对接，共同打造"网上供销合作社"。

（3）全力推进现代物流业。适应流通业和电子商务快速发展的需要，做好规划布局，加快培育一批现代物流企业。充分利用现有土地、仓储、运输等设施，加大整合改造力度，积极争取政府用地和资金支持，因地制宜建设物流园区、配送中心、终端配送网点，搭建物流服务平台和配送网络，开展社会化、现代化、专业化的物流服务。鼓励大型企业在重要商贸区域、重点专业市场、产业集群区，建设集展示、交易、仓储、流通加工、配送、信息功能于一体的物流平台。加强鲜活农产品冷链物流、检验检测和安全监控等设施建设，提高鲜活农产品的物流和配送能力。推动物流业与电子商务融合发展，建立以物流配送中心和高效信息管理系统为支撑的"电子商务＋物流"基地。

（4）稳妥开展农村合作金融服务。在严格管理、严控风险的前提下，鼓励社有企业面向现代农业和农民生产生活，投资创办融资性担保公司、小额贷款公司、股权基金管理公司、融资租赁公司、互联网金融公司，参股农村商业银行、村镇银行，为农民和新型生产经营主体提供融资服务，为供销合作事业发展提供金融支持。加强与金融机构合作，引入供应链金融理念，将金融服务嫁接到与农民的购销业务中，缓解农民融资难、融资贵问题。支持符合条件的企业依法开展发起设立中小型银行试点，增强为农服务能力。积极培育面向"三农"的保险企业和农村产权交易服务机构。

(五)加强企业工作领导

(1)进一步理顺社企关系。各级供销合作社理事会是本级社属资产和所属企事业单位资产的所有权代表和管理者,理事会要落实社有资产出资人代表职责,监事会要强化监督职能。社有企业是依法自主经营、自负盈亏、自担风险、自我约束、自我发展的独立市场主体,依法享有法人财产权和经营自主权。供销合作社要依法依规履行出资人职责,加强社有资产监管,切实把握好社有企业为农服务方向,把社有资产保值增值责任落到实处。落实社有企业的经营自主权,逐步从以管企业为主向以管资本为主转变,将依法应由企业自主经营决策的事项划归于企业,做到该管的科学管理、绝不缺位,不该管的要依法放权、绝不越位。采取委派法人代表管理和特殊管理股股权管理等办法,探索供销合作社机关对社有企业的多种管理方式。

(2)强化社有资产监管。供销合作社机关成立社有资产管理委员会,按照理事会授权,建立社有资本经营预算制度。构建监事会、纪检监察、财务审计多方参与的监督体制,保障出资人和消费者的合法权益,促进企业健康发展,实现社有资本保值增值。强化出资人监督,加强对企业关键业务、改革重点领域、社有资本运营等重要环节的监督。健全社有资本审计监督体系和制度,实行企业社有资本审计监督全覆盖。加强纪检监察监督和巡视工作,强化对企业领导人员廉洁从业、行使权力等的监督。建立健全监督意见反馈和问题整改机制,强化社有资产损失和工作责任追究,形成有效的"防火墙"和"隔离带",切实防止社有资产流失。

(3)加强党建和反腐败工作。把加强企业党的领导和完善公司治理统一起来,创新社有企业党组织发挥政治核心作用的途径和方式。将党建工作总体要求纳入社有企业章程,在企业改革中坚持党的建设同步谋划、党的组织及工作机构同步设置,保证党的组织机构稳定,作用得到有效发挥。社有资本控股和具有实际控制力的混合所有制企业,都应建立党的组织,开展党的工作,发挥党组织的政治核心作用。坚持和完善党组织和社有企业领导班子交叉任职的领导体制,董事长、总经理原则上分设,党组织书记、董事长一般由一人担任。强化党组织在企业领导人员选拔任用、培养教育、管理监督中的责任,加强对社有企业负责人尤其是主要负责人的日常监督管理和综合考核评价。注重发挥工会、共青团等群团组织的作用,团结引导职工群众为企业改革发展贡献才智、建功立业。加强企业党风廉政建设和反腐败工作,落实主体责任和监督责任。加强党性教育、法制教育和警示教育,引导社有企业领导人员和广大党员干部坚定理想信念,自觉践行"三严三实"要求,确保在经营上不发生系统性风险,在廉政上不发生违法违纪案件。

(4)营造企业发展良好环境。供销合作社要切实担负起领导社有企业改革发展的责任,遵循市场经济条件下企业发展的客观规律,强化为企业服务的意识,提升指导和服务企业的水平。做好宏观经济运行、市场趋势变化的分析研判,及时为企业决策提供预警。加强与政府有关部门的协调沟通,积极反映企业诉求,为企业多渠道争取政策和项目支持。各级供销合作社的"新网工程"、农业综合开发、改革发展专项资金等,应重点向转型升级、联合发展、服务农业生产一线的企业和项目倾斜。加大宣传工作力度,充分利用各类媒体讲好社有企业和一线职工为农服务的故事,传播企业的新作为,树立企业的新形象,为企业改革发展营造良好的舆论氛围和社会环境。

六、社有企业发展典型案例

(一)中国供销寻乌现代农业示范园:龙头带动,多措并举,大力推动消费帮扶

中国供销寻乌现代农业示范园规划占地230亩,大棚建设面积150亩,由3个园区组成,分别位于江西省寻乌县晨光镇高布村、司城村和留车镇飞龙村。4年来,产业园项目立足县域、辐射赣南,坚持以富民强村为中心、产业发展为抓手、市场需求为导向,致力于打造集种植生产、育种育苗、技术培训、加工包装、冷链仓储于一体的新型蔬菜种植示范基地,积极帮助当地贫困群众增收致富,工作取得了明显成效。

为深入贯彻落实党中央、国务院脱贫攻坚部署要求,中国供销农产品批发市场控股有限公司积极响应江西省赣州市委、市政府发展现代农业、打赢脱贫攻坚战的号召,自2016年开始在寻乌县建设中国供销寻乌现代农业示范园(以下

简称"寻乌项目"),助推当地农业转型升级、农户脱贫致富。

寻乌项目全力发展现代蔬菜产业,实践"农业龙头企业＋农民合作社＋贫困户"的扶贫模式,利用蔬菜基地把当地分散的农户集中起来,农户负责专业生产,基地对农户进行技术培训、生产管理,待蔬菜上市后,企业负责分拣、包装、仓储、运输、销售,通过打通整个产业链,打造产业扶贫、消费扶贫精品项目。

1. 建机制,完善与农户的利益联结

寻乌项目通过五种模式,与农户特别是贫困户建立利益联结机制。一是承包经营。将示范园约30亩温室大棚免费交由农户种植,公司统一发放种苗、肥料、药剂,提供技术指导,农户自行管理各自区域,待蔬菜上市后,由公司统一收购。对于温室大棚外有意愿种植蔬菜的农户,公司统一提供种苗和技术指导,农户自主种植,蔬菜上市后公司协助销售。二是入股分红。组织高布村88户贫困户成立蔬菜专业合作社,每户参股500元,2017—2020年,公司每年向专业合作社拨付扶贫资金8.8万元,每户贫困户每年可分红1000元。三是土地流转。高布村流转土地56.4亩,按每年每亩888元的标准给予土地流转费用,使相关农户获得稳定土地流转收入。四是务工就业。寻乌项目示范园的自主种植管理区域优先为当地有劳动能力的农户提供就业岗位,目前吸纳长期就业农户25人左右,日工资70～120元。五是技术培训。开办蔬菜种植技术培训班,有蔬菜种植意愿的农户可免费参加。

2. 树品牌,提升特色农产品知名度

寻乌县种植的赣南脐橙、蜜橘、百香果等农产品品质较高,但市场化程度低,与发达地区消费市场脱节,存在"卖不远""价不高""缺订单"的问题。寻乌项目一方面利用寻乌县土地富硒优势,大力发展富硒农产品;另一方面注册"高布村"商标,申请"寻乌百香果"国家地理保护标志产品,深挖地域文化,讲述扶贫故事,打造名优特农产品品牌。寻乌百香果示范园于2020年取得富硒百香果认证证书,高布村被央视新闻《我和我的村庄》栏目组选为直播对象,全国在线观看数量超过8000万人次。

3. 拓资源,举办消费扶贫对接活动

寻乌项目牵头注册成立县农业产业协会,通过举办寻乌百香果文化节、现代蔬菜文化节等活动,助力特色农产品销售。在2020年10月"2020消费扶贫·贫困地区农副产品产销对接会"上,寻乌项目展出了赣南脐橙、蜜橘、百香果、猕猴桃、灵芝、辣椒酱、蜂蜜、甜柿等农副产品，现场直销及交流对接近300万元采购订单。此外，积极组织当地特色农产品参加"全国农资科技博览会暨全国品牌农产品交易会""'一带一路'农产品农资（电商）交易会"等活动，带动寻乌县优质农特产品走向全国。

4.扩渠道，发展线上消费扶贫模式

为激发市场消费潜力，寻乌项目着力完善电商平台销售渠道，积极探索运营京东、天猫等电商和自媒体平台，打造"电商＋直播＋助农"新模式。2021年，已组织线上平台为脱贫户销售特色农产品500余万元，形成了寻乌产品卖到全国的"大循环"和自产自销的"小循环"互补发展格局。积极对接"832平台"，组织举办"832平台"精细化运营和全面提升技能授课，对60多家扶贫企业、电商企业、农民专业合作社的代表进行培训。2021年，寻乌县企业在"832平台"上的销售额已提升至200万元。面对新冠肺炎疫情造成的农产品流通严重受阻问题，寻乌项目通过媒体直播和电商直播渠道助力寻乌滞销农产品销售，其中央视新闻全网线上观看人数超过1000万人次。此次直播活动接到相关农产品订单8000多个，百香果、赣南脐橙等产品销量超过5万斤。

（二）中国供销集团助力棉花产业发展的改革创新之路

棉花不仅是关系我国国计民生的战略物资，也是涉及农业和纺织工业两大产业的商品，更是全国1亿多棉农收入的主要来源。中国棉花协会数据显示，我国既是世界最大的棉花消费国、进口国，也是全球第二大棉花生产国。作为我国最大的优质商品棉基地，2021年新疆棉花总产量达512.9万吨，棉花各项质量指标同比实现较大幅度提升，机采棉比例持续提升，棉农生产效率明显提高，实现增产增收。

在这"白色黄金"丰收的背后，是各方努力的结果。中国供销集团近年来持续以创新发展理念为引领，拓宽服务广度、拓展服务深度、提升服务维度，通过所属涉棉企业从棉花种植、收购、加工、入库、检验、出库到纺织企业采购等全产业链各环节发力，以信息化、数字化手段提升棉花产业核心竞争力，为带动棉农增收、促进我国棉业提质增效发挥重要作用，为实现新疆地区棉花产业发展、助力打赢脱贫攻坚战和全面建成小康社会作出了积极贡献。

当前，我国正加快构建以国内大循环为主体、国内国际双循环相互促进的新发展格局。在新的历史背景下,中国供销集团及所属涉棉企业不断增强质量意识、市场意识,不断提升棉花供给的质量、效率和层次,加快提升产业链、供应链的现代化水平,增强了中国棉花产业的国际话语权和竞争力,正奋力书写我国棉花产业提质升级、向高质量发展的浓墨重彩的一笔。

1.聚合力添动力增活力,助力棉花增产棉农增收

中国供销集团所属中棉集团公司搭建 CAS 综合为农服务系统,通过"龙头企业＋轧花厂＋合作社＋植棉户"的棉花产业化经营服务模式,让每一位加入 CAS 系统的棉农都能享受到"点对点"的定向技术支持与服务,是棉农的知心人、离不开的好帮手。

作为国内最大的棉花经营实体企业和供销合作社系统内的棉花流通骨干企业,近年来,中棉公司在新疆地区深耕农业社会化服务,搭建产业化综合服务中心,协调整合农资、技术资源,通过土地流转、农技服务、资金服务等方式,为棉农提供种植、采收、拉运、交售等全程配套服务,切实解决棉农前端生产难题。2021年,中棉公司已在巴楚、阿克苏、尉犁、昌吉开设4家子公司,开展土地流转等为农服务工作。

上下同欲者胜,同舟共济者赢。为更好地形成社有企业及资源联合为农服务的模式,打造棉花产业链闭环,中国供销集团协调内部资源,在种植前端,联合中农控股、中农立华与中棉新疆公司深入合作,为棉农供应优质且价格合理的农资产品,并利用中棉 CAS 积极开展棉田病虫害防治、现场农技、植保培训等为农服务工作,帮助棉农解决当地农资经销链长、品类杂、质量参差不齐等问题,降低了棉花种植成本。

降本增效也是中国供销集团所属中农集团公司的初心使命。在中农控股乌苏水肥一体化试验示范基地,1100亩棉田实现全程液体肥施肥托管,平均每亩棉花使用液体肥100公斤,施肥人工成本每亩降低25元,共节省人工2.75万元。从肥料投入量来看,常规施肥平均每亩养分投入量为35~40公斤(折纯),液体肥每亩养分投入量约25公斤(折纯),减肥效果明显;从产量看,在同等施肥成本情况下,每亩较2021年平均增产40公斤、约10%,平均每亩助农增收268元。

自2021年以来,中棉公司推出的《"品牌中棉"建设方案》也取得一系列阶段性成果:以莎车、巴楚、麦盖提、阿瓦提、尉犁、沙湾、石河子、玛纳斯、老龙河9

个为农服务中心已于上年年底前完成试点建设;发布《2020年中国棉花加工行业产业发展报告》,与全国棉花加工标准化技术委员会共同制定《棉花加工智能控制系统技术要求》《棉花包装材料加工企业质量评价方法》《棉花包装材料加工技术要求》3项行业标准发布并实施;截至2022年1月,中棉公司已实现3.63万余亩土地流转经营,签订订单户1143户,订单面积114.25万亩,订单籽棉数量40.41万吨,直接服务棉农规模1.2万人余次,产业化综合服务能力、行业引领力和品牌影响力稳步提升。

2021年,中棉公司通过资源购销平台(2.0版)线上线下结合、期货现货结合,每个工作日平均发布可销售资源量10万吨左右,稳定了市场预期,保障了资源供应。截至2022年1月,平台用户已超过1400家,覆盖全国22个省(区、市),通过平台成交资源接近100万吨,逐步成为国内棉花市场价格的"稳压器"。

产融结合,未来已来。在棉花供应链方面,中棉公司建设运营了5个棉花物流基地、2个口岸综合物流服务企业、3个棉花物流中心及10个棉副产品集散中心,与供销集团所属全国棉花交易市场等第三方监管仓库体系建立起良好合作关系,围绕棉花及棉副产品的基础供应链网络已初步搭建形成。

2.全产业链数字化平台,赋能棉花产、供、销

生产方式转变的同时,在产业标准化和智能化引领下,中国供销集团所属全国棉花交易市场发挥国内最大的棉花在线供应链综合服务平台作用,对棉花种植农户情况、棉花种植面积以及籽棉交售、皮棉加工和入库、皮棉质量重量公证检验、皮棉出库流向等信息全程跟踪。截至2022年1月,已实现90%以上的全国棉花产业链数据信息采集和在库规范监管,切实保障了棉花的质量安全,激发了棉花种植农户的质量意识;并为精准发放新疆棉花目标价格补贴,提供了重要依据。

在助力新疆棉花收购、保护棉农利益的同时,全国棉花交易市场依托覆盖全国主要棉花产销区和物流集散地的100多家合作仓库,为涉棉企业、合作银行等提供规范的棉花监管服务;联合合作银行服务小微企业1000多家,累计提供直接融资金额1200多亿元,有效解决了涉棉企业"融资难"问题。

2020年年初,湖北石华纺织有限公司接到一张进口特种纱订单,急需较为难找的天然彩棉货源。全国棉花交易市场接到石华纺织询货后,不仅为其找到了合适的彩棉,还为其提供了融资业务。不料,受新冠肺炎疫情影响,石华纺

织的工厂停产、订单违约,也无法按时还款。在了解实际情况后,全国棉花交易市场第一时间协调延期还款,并主动减免部分费用,助其渡过难关。这成为全国棉花交易市场服务下游纺织企业的一个缩影。

1999年,我国储备棉首次拍卖,开创了储备物资由计划分配转向利用市场机制配置资源的先河。在此后20多年的发展中,全国棉花交易市场始终立足"棉花供应链综合服务平台"战略定位,积极服务国家棉花宏观调控和产业政策实施,成为国家棉花宏观调控和产业政策实施的得力抓手。

自2014年以来,全国棉花交易市场积极参与"专业仓储监管+在库公证检验"制度实施,具体负责新疆棉入库监管和配合在库公证检验工作。截至2021年年底,全国棉花交易市场累计办理新疆棉入库监管数量3681万吨,并没有出现一笔违约事件。2015年,全国棉花交易市场开始承担新疆棉花目标价格改革信息平台建设和运营工作,有效整合了新疆涉棉部门的信息资源,建立起包括棉花种植面积核实、籽棉交售量实时统计、棉花加工企业公示、专业仓储、棉花在库公证检验、棉花监督管理和运营目标价格信息平台等在内的一整套监管及信息追溯闭环体系。棉花也成为我国农产品中第一个实现全程数字化的品种。

业绩斐然,硕果累累。自1999年截至2022年1月,全国棉花交易市场累计投放储备棉16次,轮入储备棉6次,累计4500余万吨;累计协助核查出疆棉3144万吨,协助审核补贴资金149亿元,完成出疆棉公路现场核查数量1358万吨。自2005年至今,全国棉花交易市场累计为银行提供监管棉花数量超过3500余万吨。全国棉花交易市场的棉花供应链服务平台通过"互联网+棉花",实现了棉花从种植、交售、加工、检验、仓储、物流、纺织等全产业链的大数据采集、展示和应用,覆盖7000家交易商、1000多家加工企业以及2000多家纺织企业,形成了产业上下游全关联、新疆内地双覆盖的数字化发展新格局;并以e棉网、i棉网为载体,打造了包括供应链金融和物流配送在内的一体化综合服务平台。20多年来,全国棉花交易市场不仅打造了商品棉交易、监管和物流配送、资金、数据信息四大服务平台,还建成了覆盖全国的客户服务网络、棉花第三方监管网络、业务运营和风险防控以及技术支撑四大业务保障体系,构建了我国棉业发展新型生态圈。

棉花,一直是中国供销集团聚合资源、整合优势、倾力专注服务的重要业务板块。中国供销集团通过创新打造的服务平台以及多种方式开展的配套服务,发挥产融优势，不仅丰富了为农服务内涵、扩大了为农综合服务外延，也极大优化了我国棉花供给体系，有效提升了棉花产业链、供应链的稳定性，为我国棉花产业实现数字化、自动化、智能化发展探索出一条新路径。未来，中国供销集团将继续发挥棉花产业的"稳定器"和"推进器"作用，为促进我国棉花产业高质量发展贡献力量。

第六部分　供销合作社农产品电商专题研究

电子商务是我国数字经济重要的源头,是数字经济最活跃、最集中的新产业、新业态、新模式,是数字经济最重要的组成部分和数字经济发展最主要的推动力。加快发展电子商务也是企业降低成本、提高效率和拓展市场的有效手段。电子商务不断普及和深化对于优化产业结构、支撑战略性新兴产业发展和形成新的经济增长点具有非常重要的作用,对于提升消费需求、改善民生和带动就业有着十分重要的意义。

供销合作社发展电子商务具有独特优势,不仅具有庞大的实体网络,还拥有供销系统的组织资源和国家财政支持。2022年中央一号文件对农村电商领域提出新举措——实施"数商兴农"工程,这一工程的实施将对供销合作社进一步发展农产品电商起到良好的推动作用。为了更好地理解"数商兴农"工程,以下我们先来回顾一下历年来中央一号文件中提到的农产品电商。

一、中央一号文件中的农产品电商

2005年,中央一号文件第一次提到"电子商务","鼓励发展现代物流、连锁经营、电子商务等新型业态和流通方式"。与此同时,2005年1月8日,我国第一个专门指导电子商务发展的政策性文件——《国务院办公厅关于加快电子商务发展的若干意见》(国办发〔2005〕2号)发布,提出了国家对我国发展电子商务的八条重要意见,确立了我国促进电子商务发展的六大举措。

2005年以来,我国农村电子商务发展的政策可以分为两大阶段,第一阶段是2005—2015年,农产品电商初步开展;第二阶段是2015年至今,农产品电商取得显著成效。

(一)第一阶段 2005—2015 年

第一阶段是 2005—2015 年,中央一号文件主要从流通方式、交易方式和平台建设的角度对农村电商提出新要求。一是从流通方式角度要求大力发展电子商务。2005 年、2007 年、2010 年都提出,大力发展物流配送、连锁超市、电子商务等现代流通方式。2005 年,中央一号文件第一次提到"电子商务",到提出实施"数商兴农"工程、"快递进村"工程和"互联网+"农产品出村进城工程,中央政府把握了农村电商的发展规律和趋势,关于发展农村电子商务的工作思路逐步明确了。2012 年提出,充分利用现代信息技术手段,发展农产品电子商务等现代交易方式。二是加强农产品电子商务平台建设。2013 年提出,大力培育现代流通方式和新型流通业态,发展农产品网上交易、连锁分销和农民网店。三是从交易方式的角度强调发展农产品电子商务。2014 年提出,启动农村流通设施和农产品批发市场信息化提升工程,加强农产品电子商务平台建设。

2005 年以后,我国电子商务发展迅猛,2013 年电子商务交易总额突破 10 万亿元,2014 年达到 13.4 万亿元,成为经济发展的新亮点和新动能。国家加大了电子商务发展指导工作的力度,2015 年 5 月发布了《国务院关于大力发展电子商务加快培育经济新动力的意见》(国发〔2015〕24 号),提出积极发展农村电子商务,开展电子商务进农村综合示范,支持快递服务网络向农村地区延伸;2016 年 12 月商务部、中央网信办、发展改革委三部门联合发布《电子商务"十三五"发展规划》,提出"电子商务促进农业转型升级""积极开展电子商务精准扶贫",开展电子商务促进县域经济行动、"电商扶贫"专项行动。

(二)第二阶段 2015 年至今

第二阶段,从 2015 年以后,农村电子商务在促进农产品上行、推动农业数字化转型升级、带动农民就业创业和增收、改善提升农村风貌等方面成效显著,成为推动脱贫攻坚、乡村振兴和数字乡村建设的重要抓手。商务大数据显示,2020 年全国 2083 个县域网络零售额达 35303.2 亿元,比上年增长 14.0%,占全国网络零售额的比重为 30.0%,提高 0.9 个百分点,其中县域农产品网络零售额为 3507.6 亿元,同比增长 29.0%。2021 年,全国网上零售额达 13.1 万亿元,农村网络零售额 2.05 万亿元,同比增长 11.3%;农产品网络零售额 4221 亿元，同比增长2.8%。

2015年以后，中央一号文件加大了对农村电子商务的部署，逐步提出了更高的要求，明确了农村电商的主要工作方向。

一是加大物流基础设施建设和完善县乡村三级农村物流体系。2016年提出，加强商贸流通、供销、邮政等系统物流服务网络和设施建设与衔接，加快完善县乡村物流体系；实施"快递下乡"工程。2017年提出，加强农产品产地预冷等冷链物流基础设施网络建设，推动商贸、供销、邮政、电商互联互通，加强从村到乡镇的物流体系建设，实施快递下乡工程。2018年提出，大力建设具有广泛性的促进农村电子商务发展的基础设施，建设现代化农产品冷链仓储物流体系，支持供销、邮政及各类企业把服务网点延伸到乡村。2020年提出，支持供销合作社、邮政快递企业等延伸乡村物流服务网络，加强村级电商服务站点建设。2021年提出，加快完善县乡村三级农村物流体系，改造提升农村寄递物流基础设施。

二是开展电子商务进农村综合示范。从2015年开始，提出开展电子商务进农村综合示范。2016—2018年又连续三年提出深入实施电子商务进农村综合示范，2019年深入推进"互联网＋农业"，继续开展电子商务进农村综合示范。

三是健全农村电商服务体系。2016年提出，建立健全适应农村电商发展的农产品质量分级、采后处理、包装配送等标准体系，支持地方和行业健全农村电商服务体系，形成线上线下融合、农产品进城与农资和消费品下乡双向流通格局。2017年提出，加快建立健全适应农产品电商发展的标准体系。2018年提出，打造农产品销售公共服务平台，健全农产品产销稳定衔接机制。2020年提出，有效开发农村市场，扩大电子商务进农村覆盖面，推动农产品进城、工业品下乡双向流通，实施电子商务技能培训。2021年提出，深入推进电子商务进农村和农产品出村进城，推动城乡生产与消费有效对接。

四是支持涉农电商载体建设和新模式发展。比如，2015年提出，支持电商、物流、商贸、金融等企业参与涉农电子商务平台建设。2016年提出，鼓励大型电商平台企业开展农村电商服务。2017年提出，支持农产品电商平台和乡村电商服务站点建设，促进新型农业经营主体、加工流通企业与电商企业全面对接融合，推动线上线下互动发展；鼓励地方规范发展电商产业园，聚集品牌推广、物流集散、人才培养、技术支持、质量安全等功能服务。2018年提出，鼓励支持各类市场主体创新发展基于互联网的新型农业产业模式。

"数商兴农"行动是商务部2021年部署的数字商务建设的五大行动（消费数字化升级行动、"数商兴农"行动、"丝路电商"行动、数字化转型赋能行动、数字商务服务创新行动）之一。2021年1月，商务部下发《关于加快数字商务建设服务构建新发展格局的通知》，专门部署了数字商务建设工作。2021年6月，《商务部落实〈中共中央 国务院关于实现巩固拓展脱贫攻坚成果同乡村振兴有效衔接的意见〉实施方案》再次提出，要在推动流通提升方面实施"数商兴农"。"数商兴农"是发展数字商务振兴农业的简称，是农村电商的升级概念。"数商兴农"是指充分释放数字技术和数据资源对农村商务领域的赋能效应，全面提升农村商务领域数字化、网络化、智能化水平，提升电商与快递物流协同发展水平、提升农产品可电商化水平，推动农村电子商务高质量发展，进而支持和促进农业农村的生产发展和乡村产业振兴。简而言之，"数商兴农"就是根据"商"与"农"互联互促的经济规律，通过数字技术和数据要素赋能农村商务发展，涉农商务数字化转型进一步促进农业生产数字化和产业振兴。

2021年10月，商务部、中央网信办、发展改革委三部门联合发布的《"十四五"电子商务发展规划》明确指出，实施"数商兴农"行动。包括：引导电子商务企业发展农村电商新基建，提升农产品物流配送、分拣加工等电子商务基础设施数字化、网络化、智能化水平，发展智慧供应链，打通农产品上行"最初一公里"和工业品下行"最后一公里"；培育农产品网络品牌，加强可电商化农产品开展"三品一标"认证和推广，深入开展农产品网络品牌创建，大力提升农产品电商化水平。由此来看，"数商兴农"行动着眼于改善农村电商的基础设施、物流配送和农产品电商化，促进产销衔接，是电子商务进农村综合示范工程的升级。"互联网+"农产品出村进城工程由农业农村部牵头实施，截至2021年年底，基本完成100个县试点建设任务，探索形成一批符合各地实际、可复制可推广的推进模式和标准规范。《"十四五"电子商务发展规划》提出，推进"互联网+"农产品出村进城工程，加强农产品品牌建设和网络营销，优化提升农产品供应链、产业链现代化水平。

以实施"数商兴农"工程为牵引，夯实"快递进村"工程和"互联网+"农产品出村进城工程，推进电子商务进乡村，是中央对发展农村电子商务的统筹布局。2021年11月，国务院印发的《"十四五"推进农业农村现代化规划》，关于农村电商发展的布局也是围绕这三个工程部署：一是扩大电子商务进农村覆盖面，加快培育农村电子商务主体，引导电商、物流、商贸、金融、供销、邮政、快递等市场主体到乡村布局。二是深入推进"互联网＋"农产品出村进城工程。优化农村电子商务公共服务中心功能，规范引导网络直播带货发展。三是实施"数商兴农"，推动农村电商基础设施数字化改造、智能化升级，打造农产品网络品牌。

"数商兴农"是中央一号文件对农村电商的新举措。2022年中央一号文件加大了农村电商的篇幅，集中体现在中央一号文件的第四部分"聚焦产业促进乡村发展"第十六条"持续推进农村一二三产业融合发展"，第十八条"加强县域商业体系建设"和第五部分"扎实稳妥推进乡村建设"第二十四条"大力推进数字乡村建设"。2022年中央一号文件首次提出要"促进农副产品直播带货规范健康发展"，持续推进农村电子商务与一二三产业融合发展、促进农村客货邮融合发展"两大融合"，加大力度实施"数商兴农"工程、"快递进村"工程、"互联网＋"农产品出村进城工程三大强基固本工程。2022年中央一号文件将"数商兴农"工程与"快递进村"工程、"互联网＋"农产品出村进城工程相结合，扩大电子商务进农村覆盖面。"快递进村"工程由国家邮政局牵头实施，国家邮政局于2014年启动了"快递下乡"工程，2020年印发了《快递进村三年行动方案（2020－2022年）》，重点是乡村快递物流体系建立和完善，2022年符合条件的建制村基本实现"村村通快递"。

二、供销合作社发展农产品电商的主要任务

供销社电商的主要任务也是供销合作社的发展战略，主要包括以下四点。

（一）积极发展农村电子商务

开展电子商务进农村综合示范，支持新型农业经营主体和农产品、农资批发市场对接电商平台，积极发展以销定产模式。完善农村电子商务配送及综合服务网络，着力解决农副产品标准化、物流标准化、冷链仓储建设等关键问题，发展农产品个性化定制服务。开展生鲜农产品和农业生产资料电子商务试点，促进农业大宗商品电子商务发展。

(二)大力发展行业电子商务

鼓励能源、化工、钢铁、电子、轻纺、医药等行业企业,积极利用电子商务平台优化采购、分销体系,提升企业经营效率。推动各类专业市场线上转型,引导传统商贸流通企业与电子商务企业整合资源,积极向供应链协同平台转型。鼓励生产制造企业面向个性化、定制化消费需求深化电子商务应用,支持设备制造企业利用电子商务平台开展融资租赁服务,鼓励中小微企业扩大电子商务应用。按照市场化、专业化方向,大力推广电子招标投标。

(三)推动电子商务应用创新

鼓励企业利用电子商务平台的大数据资源,提升企业精准营销能力,激发市场消费需求。建立电子商务产品质量追溯机制,建设电子商务售后服务质量检测云平台,完善互联网质量信息公共服务体系,解决消费者维权难、退货难、产品责任追溯难等问题。加强互联网食品药品市场监测监管体系建设,积极探索处方药电子商务销售和监管模式创新。鼓励企业利用移动社交、新媒体等新渠道,发展社交电商、"粉丝"经济等网络营销新模式。

(四)加强电子商务国际合作

鼓励各类跨境电子商务服务商发展,完善跨境物流体系,拓展全球经贸合作。推进跨境电子商务通关、检验检疫、结汇等关键环节单一窗口综合服务体系建设。创新跨境权益保障机制,利用合格评定手段,推进国际互认。创新跨境电子商务管理,促进信息网络畅通、跨境物流便捷、支付及结汇无障碍、税收规范便利、市场及贸易规则互认互通。

三、全国供销合作社电子商务平台建设

全国供销合作社农产品电商平台构建

1.运营模式

全国供销合作社农产品电商平台是全国供销合作社系统电子商务发展的总平台,为系统电子商务企业提供多方位服务。全国平台不直接参与商品的进货和交易,系统的电子商务企业和地方性、专业性电商平台直接对接全国平台,借助全国平台开展交易。

全国平台的特色,是集聚系统内外资源,为开拓农村电子商务市场和发展农产品电子商务提供解决方案。全国平台的运营,一是利用供销合作社组织优势,通过对30万个基层经营服务网点的信息化改造,推动系统加快发展县域电子商务,夯实全国平台发展基础。二是利用供销合作社遍及城乡的人员和资源优势,广泛宣传和推广全国平台,在短期内迅速扩大全国平台的影响力和知名度。三是利用全国平台所提供的硬件、软件、技术和电子支付等方面免费服务,支持系统电商公司(平台)、传统企业、农民合作社等单位上线交易。四是利用系统已有的电商平台,通过资源整合、模式创新,实现全国平台与地方平台的资源共享、分工负责、优势互补。全国平台负责整体营运、市场推广、品牌打造等,地方平台按照全国平台的标准和要求,负责组织货源线上销售和物流配送,实现全国平台和地方平台融合发展。

2.平台功能及其实现方式

(1)B2B批发交易

全国平台与系统龙头企业合作,开展农资、棉花、再生资源、特色农产品等大宗商品的B2B网上交易,全国平台提供产品展销、实物交收、仓储物流、质量检验、贸易融资、交易结算和信息咨询等系列服务。

(2)B2C商品销售

全国平台联合地方供销合作社及其农产品企业、行业协会、农民合作社共同建设"供销商城"。通过B2C方式在网上集中销售具有供销合作社品牌的高端差异化特色农产品,产品标准、供货商等由全国平台统一负责。联合农资企业

网上销售农资。联合再生资源企业开展再生资源在线回收业务。

（3）C2C零售交易

各级供销合作社组织符合条件的社有企业、农民合作社及社员、当地农产品企业等入驻全国平台开设电子商铺，整合地方资源建立地方特色馆，开展特色农产品、手工艺品等网上销售，全国平台提供技术、结算、营销等后台服务。

（4）O2O在线业务

全国平台联合系统日用消费品、农资连锁企业和再生资源企业，依托连锁经营网点、村级综合服务中心等，实现线上线下相结合，开展日用消费品、农资的在线销售和再生资源线上回收。

（5）服务功能

建设资金管理和支付结算系统，提供支付结算、资金和融资支持。建立农产品信息采集和发布系统，为有关部门决策和市场分析提供参考。联合系统内外的质量认证力量，推广标准化生产，建立健全质量认证和追溯体系。加强与高等院校和系统培训机构合作，组织电子商务专业技术人员培训。

四、县域供销合作社电子商务建设

近年来，以涉农电子商务为主要内容的县域电子商务快速发展，以电子商务为驱动的县域经济发展模式开始涌现。县级供销合作社主动适应电子商务迅猛发展、农村消费转型升级的新形势，立足供销合作社特点和优势，大力开拓县域电子商务市场，抢占农村电子商务发展的制高点，努力成为当地电子商务发展的主导力量。县域供销合作社电商的实践探索涌现出以下典型案例。

（一）黑龙江黑河市瑷珲e购打造农产品上行供应链

瑷珲e购电商平台由黑河微谷电子商务有限公司运营，由黑河市供销合作社社属企业黑河市供销储运有限公司与民营公司共同入股成立，公司坚持以服务"三农"为重点、以便利城乡居民生产生活、促进农村产业融合发展为宗旨，在城乡交互、跨境电商、智慧养老、家政服务、二手交易和便民信息六大板块开展互联网业务。

第六部分　供销合作社农产品电商专题研究

1. 发挥产地优势，构建产、加、销全产业链

黑河地区自然生态环境良好，具有发展优质杂粮得天独厚的条件。瑷珲e购充分发挥产地源头资源优势与"互联网＋"品牌理念，整合并升级产品结构，先后开发大豆、玉米、红小豆、麦米、黑豆、糯米等杂粮农作物，建立起加工厂房和质检中心，将田间地头收获的原材料直接送入加工车间，经质检、清洗、分拣、包装等工序，制成豆油、面粉、干菜、养生杂粮等精品农产品，再通过线上线下平台面向全国进行销售，目前，瑷珲e购已完成17个农产品生产基地建设。

2. 线上线下完善产品购销体系

瑷珲e购平台现有成型农产品40余种，在线下打造了瑷珲e购便民店7个，便民店农产品均来自瑷珲e购农产品生产基地，并由瑷珲e购质量检验中心严格把关，贴上可追溯二维码标签，让消费者放心消费。在仓储物流方面，瑷珲e购自建了1200平方米仓储物流中心，其中蔬菜库300平方米，冷库220平方米，仓储物流中心积极融入全国供销系统物流仓储配送体系，并与地方供销、粮库、邮政等社会资源开展业务对接，实现资源共享，代储代运合作。线上则加强与供销e家等全国性电商平台合作。瑷珲e购作为黑河市供销合作社直属企业，是爱辉区政府重点扶持项目。公司在2017年9月正式入驻供销e家，开通运营供销e家黑河市爱辉区地方平台，销售智慧农业监测系统基地出产的优质农产品、俄罗斯商品及当地特色山珍，受到全国各地消费者的青睐。

3. 发挥互联网优势，搭载便民服务提升居民生活质量

为更有效提升城乡居民生活条件，增加平台服务种类，瑷珲e购通过模块集成方式逐步将网上交易、仓储物流、终端配送等服务向平台一体化转变，形成融合式区域O2O模式。目前线上运营以"B2C＋体验式销售"模式为主，向消费者提供特色农产品商城、闲置物品交易、论坛及创意活动模块。线下推行休闲观光及社区便利店自主经营模块，实现消费者实时手机下单，享受免费送货上门的快捷体验。为发挥区域性互联网服务优势，提升居民生活质量，平台增加了以社区居民服务为主的城乡交互、智慧养老、家政服务、便民信息等模块，让消费者轻松实现用手机选择服务种类，浏览家政服务人员资质、填写个性化留言。社区服务集成的家政公司、钟点工、看护、维修、保洁等便民服务是目前该平台应用率最高的模块。

(二)内蒙古呼和浩特绿色土默川

成立于 2016 年年初的呼和浩特市绿色土默川现代农业农民专业合作社联合社,是呼和浩特市供销合作社系统的一家专业合作社联合社,联合社由土左旗供销合作社领办,其余八家成员均是涵盖当地种植业、养殖业、渔业、农机、农资及为民服务等行业的农民专业合作社。联合社自成立以来,一改专业合作社以往在农业上游各自为阵、小打小闹的做法,进一步整合集结耕地资源,提升农民的组织化程度,为农业产业化奠定基础,尝试从源头解决粮食及农副产品绿色有机基地的建设问题,全身心地投入打造"绿色土默川"地域农业品牌。结合"互联网+农业、互联网+品牌、互联网+线下网点"的现代商业流通业模式,采用 O2O、B2C、B2B 等电子商务方式面向全国市场销售绿色土默川系列产品。

1.全力打造"绿色土默川"地域品牌

内蒙古绿色土默川地处于呼和浩特平原,当地以发展农业畜牧业为主,然而传统的产业格局也限制了上游农业发展规模,产业经营分散,未形成具有统筹生产及流通能力的龙头企业。为立足土默川地区放大格局,联合社带头整合耕地资源,提升民众组织化程度,在产业链源头建立起粮食及农副产品绿色有机生产基地,全力打造"绿色土默川"地域农业产品系列。"绿色土默川"推崇"一方水土养一方人"的理念,力图将地产优质农副土特产品按产业对接延伸的方法加工打造成高质量产品。"绿色土默川"品牌作为地域农牧文化、民俗文化载体,承载着营销"品牌故事"效应和提升产品人文价值的目标。

2.积极入驻供销e家电子商务平台

在"互联网+"思维模式的引导下,呼和浩特市绿色土默川现代农业农民专业合作社联合社积极入驻供销e家电子商务平台,承接运营"绿色土默川"地方平台,并在第一时间组建了内蒙古绿色土默川供销e家电子商务运营中心,开始实施互"联网+农业、互联网+品牌"的商业实践。绿色土默川供销e家电子商务中心集商品信息、交易、配送、服务于一体,采取线下体验店及商超配送与线上推广、交易、结算相结合的运营模式,架起一座生产者及品牌方与市场及消费者畅通的桥梁,经济效益、社会效益前景看好。截至 2017 年年底,以"绿色土默川"品牌为引领,已有近百种商品入驻电商平台,融入全国市场。莜面、小米、小杂粮等远销到福建、上海、北京、湖北、湖南等地。

品牌是产品的灵魂,表达了产品的内涵,也代表了企业的经营哲学和价值观念,在供销e家打造农特产品供应链上行体系的过程中,产品品牌具有举足轻重的作用,一个全国知名的、安全健康的品牌打造甚至能带动一个产业的振兴发展,实现一方乡村的振兴繁荣。瑷珲e购和绿色土默川两个案例,前者注重打造瑷珲e购安全、健康的品牌形象,后者则着重打造绿色土默川特色、原产地的品牌形象,都具有一定的代表性和借鉴价值。

(三)青海大通青藏百灵农畜产品电子商务有限公司电商扶贫

青海大通青藏百灵农畜产品电子商务有限公司(以下简称"大通公司")是一家从事集软件研发、电商培训、农畜产品加工、包装、物流配送、电商以及各种服务于一体的农畜产品电子商务企业。依托大通百灵特种养殖专业合作社几年的实体发展,在省、市、县各级供销联社支持下,于2015年10月成立,并构建自有平台——"青藏农畜林产品网"。青海供销电子商务有限公司、大通回族土族自治县供销合作社联合社参与出资成立。

1.电商扶贫工作方向

2016年3月全省第一家农村电商党支部在公司成立。大通百灵农村电商党支部以"互联网+'三农'+党建+合作社+电子商务+供销系统"的模式,扎实开展电子商务进农村的工作,实现党建工作、扶贫工作与农村电子商务的互促共赢。在探索"党建+电商+产业扶贫"工作中,公司始终坚持把促进农村贫困群众脱贫致富作为工作重心。

为积极响应切实配合做好大通县畜禽养殖业污染综合整治工作,从源头上保护和改善全县生态环境,2017年6月公司对下属的养殖基地进行转型。将大型养殖转换为贫困农户分散式养殖,对现有的养殖基地进行科学有效的改建,进行农产品深加工、分拣包装基地建设。

改建转型后的大通百灵养殖基地,成为大通地区精准扶贫产业加工基地,主要经营百灵当归鸡系列、百灵当归鸡蛋系列深加工产品,以及大通地区特别是贫困乡村特色农产品深加工,产品以线上线下融合销售为主,原材料主要为大通本地农产品,采用"党建+公司+农户+深加工+冷链仓储+线上线下销售"模式,以贫困地区贫困户扶贫致富为主要目的,公司和贫困村、贫困户签订收购销售协议,实现老弱病残贫困人口在家就业,以及为返乡农民工就近提供工作岗位。截至2021年年底，大通公司扶贫散养总面积超过15万平方米，成鸡出栏年市场供给可达到10万羽，鸡蛋620吨。

2.电商扶贫模式

（1）依托线上线下资源优势，打造农产品加工和电商平台的深度合作，形成稳定产销关系。按照规范的电商销售标准对大通地区的优质地标农产品进行筛选收购、集货、分等、包装、储藏和运输，不断提高大通地区品牌农产品线上销售比例，促进质量等级化、包装规格化，补齐电商供应链前端短板，满足对农产品生产的规模化、标准化、品牌化需求，打造品牌农产品供应商队伍，开辟农产品销售新渠道。

（2）充分利用现有的供销系统和电商公司的储藏、物流、冷链基础设施，提高利用率和经济效益，降低物流配送成本。优化农产品物流路径和节点设计，避免迂回、交叉及无效往复运输实现线下资源与线上需求的低成本、高效率对接。公司在2018年实现与苏州中转仓的对接，将大通地区的马铃薯、青蚕豆粒、百灵当归散养鸡、鸡蛋和深加工产品统一配送至苏州，再由苏州地区利用发达的物流、快递配送网络实现对上海、江苏、浙江及周边省市的销售。

（3）充分利用已建成的大通农村电商综合服务网点开发农村生活消费品、农资用品下行配送渠道。实现大通县区域内基本普及电子商务应用，实现县城有农村电子商务服务中心，乡镇有农村电子商综合务服务站，村有农村电子商务综合服务点，贫困户能通过互联网和电商网点销售自产农产品、购买生产生活资料。在农村电商综合服务站（点）建设的同时，大通公司还对农民和贫困户进行农村电子商务技能和产业衍生的各项专业技能（例如，林下生态养殖技术、焜锅馍馍标准化加工技术、妇女手工制作技术等）的培训，为农村劳动力就地转移提供就业、创业机会和平台。

3.电商扶贫工作成效

（1）农村电子商务基础工作推进。目前大通公司已经与本地乡镇的22家农村专业合作社签订长期合作，实现农超对接，品牌入驻大通地区、西宁地区的11家连锁超市，并设立大通县城区内两家实体体验店和大通、西宁地区300多家"花儿之乡"品牌产品配送加盟店。与供销e家平台进行无缝对接合作，分别设立大通"花儿之乡"专卖店、"花儿之乡"大通馆，并配套完成完整的农产品溯源体系和品牌包装、市场运作体系。自建1280平方米的"大通县供销e家分拣包装物流配送中心"。

(2) 电子商务技能教育培训到村到户。大通公司以农村电商发展建设为基础，积极实施大通农村电商网点平台建设、推广、普及工作，培养了一批能率先致富、带领致富、有文化，对有创业、就业意愿的青年党员团员、返乡青年进行跟踪管理、培训和农业技术服务，帮助落实惠民政策，并给予技术、信息的支持，培育青年农村电商人才，强化示范引领作用。

(3) 电子商务企业产业扶持到村到户。大通公司依托合作社资源，创新工作思路，结合脱贫攻坚，通过旗下的大通百灵特种养殖专业合作社示范，按照"一村一品"的产业扶持办法，免费向贫困户发放鸡苗，统一防疫、养殖技术免费指导、回收销售，重点扶持有养殖技术有场地自愿生态散养的农户扩大养殖规模，增加品种，成鸡出栏后统一收购，进行统一标准量化分拣加工，统一品牌包装，通过线上线下渠道销售，带领贫困村贫困户做好、做活"生态散养当归鸡"富农的特色品牌。大通县贫困地区种植的马铃薯、青蚕豆粒等由大通青藏农畜林产品电子商务有限公司积极进行统一品牌规划，执行统一收购标准，建立完善"溯源"体系，通过分拣包装，利用已有的互联网平台找到销路，线上线下销售融合，贫困农户通过农村电商平台，城区销售网点，收入不断提高，进一步延伸产业链，增加产品附加值。农产品销售渠道得到进一步拓宽，从而有效增加贫困农户的收入。

在供销体系的支持和扶持之下，公司成立了线下体验店和城区200多家品牌销售加盟店，增加了用户的信任，更好地满足消费者追求生活便利、安全的幸福感。公司每年定期举办线上线下营销活动，带动了公司产品在线上的销量，提升了线下的知名度，促进大通县电子商务市场的发展。在大通百灵电商战略布局当中，农村电商发展将成为大通百灵电商服务地方的一大助力。大通百灵电商以自身在电商方面的资源带动整个大通地区的电子商务产业的发展，一方面提升农产品加工制造企业进行升级改造，不断提升自身的市场竞争力，另一方面开展电商咨询与培训服务，帮助小企业以及个人在互联网时代能够实现自我价值以及企业价值。

农村电商扶贫通过互联网销售的网络交易方式，打破了传统销售的地区市场限制，整合优势资源，增加贫困地区农民收入，提高扶贫绩效。作为新一轮扶贫攻坚的手段，电子商务为农村经济发展提供了难得的新机遇和强大的新动力。大通青藏百灵农畜产品电子商务有限公司在扶贫模式上的新探索,为各地电商扶贫提供了参考借鉴。

(四)四川云背篓打造农产品供应链

作为农产品流通现代化发展的主要路径之一,现代化农产品供应链体系的构建,对于促进区域农业经济的发展,增加农民收入与降低城市居民的生活成本都具有重要的意义。改革开放以来,农业科技不断发展,政府持续加大对农业发展投入,我国农业生产整体上获得了巨大的进步。但是,在我国当前的农产品供应体系中,还存在渠道过窄、参与流通的主体较小,以及对社会经济发展的带动作用不明显等问题。农产品的供应链体系是一个十分复杂的系统,其所涉及的内容包括从农产品的生产到销售整个过程。

四川云背篓农业科技有限公司是由四川省供销合作社联合社发起,旗下四川供销电子商务有限责任公司筹备组建的混合所有制企业。公司专注于农产品上行,旨在打造一个全国、全球互联互通的农产品超级供应链版图,背上农(特)产品全国、全球行,让吃的人健康,种的人小康。云背篓公司摸索出完整的农产品供应链打造模式,并在旗下第一家集团子公司——攀枝花农产品经营有限公司(以下简称"攀农公司")得以实践,并初有成效。

针对农产品的品质、安全问题,农产品的卖难滞销问题,农产品的好果无好价问题,攀农公司通过联合基地,提供品牌服务,整合供应链资源,打造新零售网络,提供供应链金融服务,构建农村大数据平台,最终实现品质农业、效率农业、科技农业、精准农业。攀枝花农产品经营有限公司自成立三个月的时间,不仅快速保质保量基本完成了项目建设,还在该县成立了农产品深加工公司、阳光米易区域品牌运营公司、区域供应链金融公司、农资农具服务公司,初步完成了整个大攀西的农业产业链布局,快速成长为当地农业龙头企业。

1.资源整合,强化供应链

(1)组织资源的整合。主要做法是攀农公司与传统及新型农业经营主体进行含股份制合作在内的多种形式的合作,以更加合理高效、优质的实现资源的优化配置,充分提质增效,聚力增势,确保公司稳定运营,且切实能扎根当地,疏通业务体系,上下贯通,有力保障,确保资源的高效整合,业务快速推进,促进整个公司又好又快发展。

(2)企业资源的整合。攀农公司与当地政府单位及国有企业合资组建了含包装设计推广于一体的品牌运营公司;与当地优质专业合作社合资成立了当地特色产品——红糖生产加工公司;充分发挥禀赋资源,与当地传统矿业公司建立了观光农业产业基地;有效整合当地经营状况不良好的社有及国有企业,帮助国有资产体制增效;与国内大型物流公司进行了深入股权合作,有效降低了当地农民生产成本,让利于民。

2.产业融合创新

(1)打造乡村产业链,助力农民增收。围绕"乡村振兴"战略,利用当地乡村优质资源发展产业,打造乡村产业链,以"农民+村集体经济+公司"形式组建合资公司,聚力增势,带动当地产业发展,农民增收,以产业发展增强区域经济发展的"造血"能力,构建长效扶贫机制。根据地方实际情况,整合现有特色产品,促进小农生产走上现代农业发展道路,实现产业升级,产业扶贫。攀农公司整合当地红粑和芙蓉糕等特色产品,主要以家庭作坊构建产业链,"农户+村集体经济+攀农公司"构建一条集产品开发、包装、品牌推广、销售于一条链的服务产业,同时结合传统村落及历史文化,推行康养及文旅,促进产业融合发展。

(2)第一、二、三产业融合发展。基于农业大数据,联合基地专业合作社,引入优秀社会企业,结合区域特色,布局深加工,打造特色服务,促进一二三产业融合创新。攀枝花农产品经营有限公司在当地结合电商项目建设,对当地农业发展基础进行强化,质量标准体系、可视化基础、有机认证基地等工作不断强化,在当地初步形成深加工企业布局,积极运用自身资源,布局攀西地区芒果的精深加工、甘蔗红糖、枇杷膏、雪梨膏精深加工,补足当地农业生产加工空白,增加产品附加值,增强区域市场综合竞争力。

3.区域供应链金融助力

为有效降低金融风险,解决农业金融落地难问题,缩短农业生产资料供应环节,有效降低农民生产资料成本,切实为农服务,助农增收,构建"金融+产业"格局,公司探索建立了整套区域供应链金融发展新模式。整个模式为"地方农商银行+攀农公司+涉农主体(农民、专合社、农业企业)+保险公司+地方政府农业担保资金"模式。资金高效流通,有效降低涉农资金风险,确保涉农资金真正用于农业生产经营;同时涉农主体受益面规模扩大。"金融+产业"格局形成,既确保了资金的有效使用,又解决了农产品的销售难问题,实现涉农单位从融资到融物的升级，切实让整个区域供应链上的主体互利多赢，进一步深入有效发挥农业担保资金、涉农基金等为农服务，实现了产销一体化，为助农增收、振兴农村经济作出了应有的贡献。

4. 农业品牌孵化创新

与当地国投下属企业成立专业品牌运营公司，借力市场质量监督局打假机制，以品牌、市场和机制倒逼品牌运营参与企业产品品质提升。通过采用品牌火车头效应"川字号（火车头，保品质安全）＋区域品牌（车厢，亮区域特色）＋产品品牌（货，企业服务质量）"的模式，实施全省"川字号"品牌引领、地域品牌助力，夯实企业品牌的构架体系，构建"省级＋地方＋企业"品牌矩阵，同步营销，协同推进。以"川字号"品牌体系牵头，充实各区域地域品牌，当地区域公共品牌切入，挑选当地优质农特产品纳入区域公共品牌体系，同时，优中选优，精中挑精，由专业的质量检测中心及认证中心评测产品的质量状况，比对国内同行业同款产品的标准水平和质量状况，选取区域公共品牌产品中更加优质的产品纳入全省"川字号"品牌体系，不断充实"川字号"品牌产品库，增强"川字号"品牌的聚合力和影响力，大力投入宣传川字号火车头品牌，推动全省农产品全国流通。

5. 超级供应链版图建设

基于上有服务窗口，下有服务抓手的运营发展策略，公司制定川内"1＋4"、川外"3＋3"的分子公司布局。以成都原点"四川云背篓农业科技有限公司"为中心，在全省东西南北建立四大集团公司，互联互通，联动协同发展，实现成都平原地区、川南片区、川东北片区、攀西片区、川西北片区全川业务大覆盖；在川外京津冀、长江三角、珠江三角、中亚、东亚、东南亚、北美建立运营分中心，实现全川、全国、全球联动，形成一个超级供应链版图，有效畅通农产品流通渠道。

6. 电商助力市场销售

为解决电商流量问题，摸索出"社群联盟＋区域电商＋跨境电商"的模式，高效整合使用现有互联网生态，利用微信生态快速构建整个区域电商平台，通过社群联盟实现流量的大汇集。

构建线上线下营销矩阵，线上做好产、选、拣、配四个环节一条龙服务，以销代宣，全国造势；线下做好质量标准、渠道畅通、去中间化、平价销售，实现大宗走货，大宗平价去利差，切实解决大宗销售难的问题。锁定地域农特产品交易官方市场,建立地区农特产品交易及农业服务大平台,构建健康有序的市场关系,促使整个农业产业良性发展。攀农公司是通过建立电子商务公共服务中心,作为公司业务开展运营的中心抓手,下承全县、乡(镇)、村三级服务站点及农村电商业务体系,上接全省供销"云背篓"服务系统的枢纽,是全县农村电子商务发展及农业产业发展对内对外的统一窗口,是"乡村振兴"战略在全县落地实施的重要体现。

攀农公司在公司整体农村电商布局规划下,充分整合米易87个村的乡村综合服务社、便利店等优质资源,对乡村传统经营网点进行了含信息化在内的功能全面转型升级,设立了61个集电商服务、农资农技、产品供销、物流配送等于一体的电子商务公共服务站点,进行资源赋能,以"后台统一化、前端多样化"的原则,给每个综合服务站点配备了整套电商服务系统,由公司免费协助站点进行运营管理,统一组织,区块运营,优化配置,提质增效,不断盘活农村经济。

公司深耕农业产业发展,掌握供需两端,把牢生产基地和销售市场。公司充分发挥禀赋资源市场化运作,建立区域统一的农特产品销售服务对外窗口,对内通过川内成都原点中心与四大地方集团公司打通区域,川外通过京津冀、长江三角、珠江三角打通国内市场,对外通过在中亚、东亚、东南亚、北美建立的运营分中心有效衔接国际市场。

农产品供应链体系建设是农村电子商务综合服务体系中至关重要的一环,它是决定农村产品是否能够形成有效上行的关键和前提。自2017年以来,"农产品供应链"一直是行业热词。国务院办公厅印发了《关于积极推进供应链创新与应用的指导意见》,其中鼓励创建现代化农业供应链体系,推进农村一二三产业融合发展。近期商务部等8部门出台的结农户、新型农业经营主体、农产品加工流通企业和最终消费者的紧密型农产品供应链。四川云背篓农产品供应链体系建设的做法,在当地资源整合、一二三产业融合发展、区域供应链金融助力、电商助销等方面为各地供销电商企业建设农产品供应链体系提供了宝贵的经验。

五、供销合作社农产品电商发展面临的问题

相对于工业消费品而言,农产品流通成本高,风险大。在"数商新农"的政策驱动下,供销合作社农产品电商减少农产品的流通环节,推动农产品市场化、

标准化、品牌化，有利于解决农产品不断涨价而农民仍然增收难的悖论，让农民和消费者都获得实惠。从当前的现实条件来看，我国供销合作社发展农产品电商还面临着一系列困难与挑战。

(一)人才短缺，观念滞后

技术不完善，存在安全隐患。资本投入不足，农产品流通的专业平台少。农产品流通具有特殊性，特别是生鲜农产品需要冷链运输与仓储。许多农产品的供应还受到生产的季节性因素影响，无法保证长期稳定的供货。

(二)流通基础设施落后，相关服务供给不足

首先，智能终端普及率低。发展农产品电商需要稳定的、覆盖面广的移动互联网智能终端。农村居民智能手机拥有量远低于城市居民，不少中老年农民还在使用老旧的老人机，只具备简单的打电话、发短信等功能，无法满足农产品电商的技术要求。其次，农村的物流配送网点匮乏，物流配送终端只到乡镇所在的社区，物流体系的"最后一公里"问题突出。农村居民发货还要去乡镇或县城办理，既不方便，也导致物流成本升高。最后，生鲜农产品的专业冷链运输能力与仓储能力供给不足，无法满足网络平台交易对高质量物流的需求。

(三)农产品产地市场衔接不畅

各地供销合作社农产品电子商务综合平台面临如何将农产品批发市场与电子交易平台对接的问题，也就是线上服务与线下服务，线上交易与线下交易的对接问题。农产品电子商务建设的目的是通过发展电子商务，将现货批发市场插上翅膀，而不是相互割裂、相互竞争。

(四)供销合作社仓储物流能力有限

农产品产供销一体化电子商务综合平台如何与物流体系对接，也就是说，应综合考虑物流园区、物流基地等物流基础设施的建设，并在技术上将农产品产供销一体化电子商务综合平台与物联网相结合，因为电子商务的模式应用最终要归结到成功完成现货商品的价值转换，因此，必须在物流的基础设施规划和建设方面给予电子商务综合平台服务和交易强有力的保证。

(五)供销合作社农产品电商平台配套服务和设施建设问题

政府行为和企业行为在建设农产品产供销一体化电子商务综合平台的利弊、建设动机、投资方案等问题。通过农产品流通体系运作效率的研究可以发现,原有各地各级的农村电子商务平台在规模、效率、布局、物流支持、技术手段、交易模式等方面存在的诸多问题,在当前技术条件下,农产品产供销一体化电子商务综合平台将综合检验政府行为和企业行为的协同发展能力,在建设农产品产供销一体化电子商务综合平台之初,政府和企业需权衡利弊,做好投资方案、股权分配方案,在平台建设之初就解决好出资人与受益人、所有者和管理者的关系问题,以提高电子商务综合平台的后续发展动力。

六、供销合作社发展农产品电商的建议

"十四五"时期,是乘势而上开启全面建设社会主义现代化国家新征程、向第二个百年奋斗目标进军的第一个五年。"十四五"时期,数字化生活消费方式变革将重塑农村大市场,农村电商将成为数字乡村最大的推动力和发展基础,农村电商生态要素将加速整合,农村电商对农业生产和农村消费的巨大潜能将加速释放,将成为推动乡村振兴取得新进展、农业农村现代化迈出新步伐的巨大引擎。

"数商兴农"工程及其相关工程的实施,既为努力做下沉市场的供销合作社提供了重大机遇,也对供销社电商的发展提出了全新的挑战。各地供销社应抓住机遇,充分发挥自身优势,调整业务结构,在新一轮的电商发展大潮中抢占先机,聚焦持续推进农村第一、二、三产业融合发展。

(一)发展产地流通新模式

聚集技术、人才等资源,发展农产品电商、宅配、前置仓、产地仓等新兴流通业态,促进行业上下游紧密衔接。创新发展"产地市场+种养""产地市场+食品加工""产地市场+直销配送""产地市场+新零售"等新业态,提升农产品产地市场综合竞争优势和规模经济效应。

平台以消费和销售为重点的发展模式,应该过渡到消费和生产并重的发展

模式，实现由农村电子商务向农村数字商务的升级转型。推动电子商务与农产品加工、乡村休闲旅游等结合，支持当地企业深入产地发展粮油加工、食品制造，支持农民直接经营或参与经营的乡村民宿、农家乐特色村（点）发展，打造价值共创、利益共享和风险共担的农村电子商务生态，是夯实平台下沉市场的关键。

（二）建立供销合作社全产业链服务平台

适应现代农业生产规模化、标准化发展趋势，支持农产品产地市场拓展农资供应、农机销售及维修等业务。结合农业全产业链发展，提供农技推广、农机作业、代耕代种、烘干仓储、市场营销等社会化服务。鼓励有条件的农产品产地市场，加强信息信用管理，推动金融机构开展农业保险、信贷等服务。积极探索电商新业态新模式。引领和规范发展社区团购、直播电商、短视频电商、社交电商、农产品众筹、预售、领养、定制等农村电商新业态，在数字技术和数据的驱动下，聚焦商产融合，探索"数商兴农"的新业态新模式。

探索可持续的商业模式，推动涉农数据和数字技术在农业中的发展和应用。探索与地方政府合作采集和利用农业大数据、县域农产品大数据、电子商务大数据，加快物联网、人工智能、先进感知技术、区块链在农业生产经营管理中的运用，完善农产品安全追溯监管体系，打造农业农村大数据应用场景。

（三）打造供销合作社农业品牌新价值

引导农产品产地市场实施品牌战略，发挥平台渠道优势，打造企业品牌。依托国家级农产品产地市场，塑强一批农产品区域公用品牌，孵化一批农业企业品牌和农产品品牌。创新品牌营销管理，发展体验式、网络化营销方式，设立销售专馆专区专柜，建立健全品牌保护机制，促进品牌农产品消费。助力农产品网络品牌和区域公共品牌建设，培育"小而美"网络品牌，助力特色农产品品牌推介，大力提升农产品电商化水平。

（四）加快供销合作社流通基础设施建设

首先，应加快供销合作社仓储设施建设。根据经营农产品种类和规模，充分利用现有仓储设施，按照适度超前原则，高起点高标准规划新建或改扩建粮油自动通风筒仓、果蔬精准控温保鲜库、畜产品和水产品高效节能冷藏库等仓储设施。配备标准托盘、立体货架、自动传输、装卸提升、吊装搬运等设备,建立协调统一、信息共享、上下联动的管理系统。

其次,应完善供销合作社商品化处理设施。建设农产品商品化处理专区或车间,结合市场主营产品特点,安装预冷、清洗、分拣、打蜡、包装等果蔬商品化处理设备,以及冷却、分等、分割、冻结等肉类和水产品初加工设备,鼓励配备技术先进、性能可靠、经济实用的农产品加工生产线,最大限度地减少农产品产后损失。支持有条件的市场建设农产品产地集配中心,提高规模化、标准化加工配送能力,将更多增值收益留在产地。

最后,要健全供销合作社产地冷链物流体系。鼓励农产品产地市场加强冷链物流设施建设,中西部地区重点提高冷藏保鲜能力,东部地区着重提升冷链物流设施技术装备水平和运行效率。支持农产品产地市场发展冷链运输,提供专业化、社会化第三方冷链物流服务。鼓励国家级、区域性农产品产地市场和田头市场加强冷藏保鲜设施共建共享。

第七部分　学习习近平总书记作出的重要指示精神

供销合作社是中国党领导下的为农服务的综合性合作经济组织,具有悠久的历史和光荣的传统,在推动我国农业农村发展过程中能够发挥积极的作用。中华全国供销合作总社成立于1954年,经过60多年的发展,供销合作社现代流通网络覆盖面迅速扩大,为农服务领域进一步拓展、功能日益凸显,成为经营性服务功能充分发挥、公益性服务作用不断体现的新型农村合作经济组织,是推动农村经济发展和社会进步的重要力量。

服务"三农"是供销合作社的生存之基、立身之本。根据中华全国供销合作总社最新发布的数据,近五年来,全系统累计改造新建基层社7515家,总数达3.2万家,基本实现涉农乡镇全覆盖。供销合作社共领办创办各类农民合作社近18万家,创建农民合作社示范社3572家,入社农户1453万户,农民合作社规模化、规范化水平明显高于社会平均水平。基层供销社是直接面向农民开展生产生活服务的主要载体,是为农服务的"最后一公里"。多年来,全国供销合作社系统深化综合改革,在促进现代农业建设、农民增收致富、城乡融合发展等方面做了大量工作。2020年前8个月,全国供销合作社系统土地托管面积超过1亿亩,同比增长40.7%;农业社会化服务2亿亩次,同比增长32.7%;农产品电子商务销售额850亿元,同比增长18%;农产品市场交易额接近5000亿元。

在助力脱贫攻坚方面,由全国供销合作总社与财政部、国务院扶贫办共同搭建的全国贫困地区农产品网络销售平台——"扶贫832"平台交易额已突破23亿元,全系统累计开设消费扶贫专区专柜5204个,定点帮扶国家级贫困县583个,驻村帮扶贫困村7708个,向国家级贫困县安排各类项目资金近16亿元。

第七部分 学习习近平总书记作出的重要指示精神

一、习近平总书记对供销合作社的相关批示的内容

中共中央总书记、国家主席、中央军委主席习近平一直关心重视办好供销合作社工作,提出要始终奔着为农服务去,始终做到为农、务农、姓农。在梁家河插队期间,他就曾动员村里的农民通过文安驿供销社设立代销点,备齐了社员的各种生活必需品,有煤油、火柴、肥皂、食盐、糖果等,切实解决了村民的实际困难,免去了村里人的来回奔波,体现了供销合作社为农服务的根本宗旨。担任河北省正定县委书记期间,针对农村服务流通体系落后问题,习近平曾在县委工作会议上强调:"要搞好供销社体制改革,真正办成农民集体所有的合作商业,成为农村经济的综合服务中心。"在浙江工作期间,他更是强调要发展农民的横向与纵向联合,并提出要发展农民专业合作、供销合作、信用合作"三位一体"的新型农村合作体系。

党的十八大以后,习近平总书记多次专门谈及供销合作社工作,要求继续办好供销合作社,发挥其独特优势和重要作用。2013年12月23日,习近平总书记在中央农村工作会议上强调,我国千家万户的小规模农业生产,光靠看是看不住的,要把农民组织起来,通过供销合作社、农民专业合作社、龙头企业等新的经营组织形式和农业社会化服务,再加上政策引导,把一家一户的生产纳入标准化轨道。

2014年4月25日,习近平总书记在安徽凤阳小岗村主持召开农村改革座谈会并发表重要讲话。他强调,中国要强农业必须强,中国要美农村必须美,中国要富农民必须富。要坚持把解决好"三农"问题作为全党工作重中之重,加大推进新形势下农村改革力度,加强城乡统筹,全面落实强农惠农富农政策,促进农业基础稳固、农村和谐稳定、农民安居乐业。在这次会议上,习近平总书记将供销合作社综合改革作为当前农村改革六项重点任务之一。

2014年7月24日,在纪念中华全国供销合作总社成立60周年电视电话会议上,习近平总书记就继续办好供销合作社作出重要批示。习近平总书记强调,供销合作社是促进农村经济社会发展的重要力量,60年来,供销合作社紧紧围绕党和国家工作大局,在促进农业农村发展、保障商品供给、服务城乡群众等方面作出了重要贡献。向全国供销合作社系统广大干部职工致以诚挚的问

候，向受表彰的先进集体和先进个人表示热烈的祝贺。习近平总书记指出，在新的历史条件下，要继续办好供销合作社，发挥其独特优势和重要作用。各级党委和政府要关心和支持供销合作社改革发展，供销合作社要全面深化改革，加快建成适应社会主义市场经济需要、适应城乡发展一体化需要、适应中国特色农业现代化需要的组织体系和服务机制，努力成为服务农民生产生活的生力军和综合平台，谱写发展农业、富裕农民、繁荣城乡的新篇章，为全面建成小康社会、实现中华民族伟大复兴的中国梦作出新的更大贡献。在这次会议上，中共中央政治局常委、国务院总理李克强也作出批示，指出供销合作社历史悠久，网点广布，新的历史条件下仍具有为农服务的深厚基础和独特优势。希望供销合作社在建设现代农业、发展农村现代流通、服务农民生产生活中发挥更大作用。中共中央政治局委员、国务院副总理汪洋则回顾了中华全国供销合作总社成立60年来的发展历程和经验启示，对从新的历史起点出发加快供销合作社改革发展提出要求。汪洋强调，各级党委和政府要认真落实好习近平总书记、李克强总理的重要批示精神，站在加快推进中国特色农业现代化、巩固党在农村执政基础的战略高度，把供销合作社改革纳入全面深化改革的总体部署，树立重视供销合作社就是重视农业、扶持供销合作社就是扶持农民的理念，切实加强对供销合作社的领导，把供销合作社作为党和政府在农村工作的一个重要抓手很好地运用起来。

2015年7月21日，中华全国供销合作总社第六次代表大会在京召开。国务院副总理汪洋出席会议并对大会的召开表示热烈的祝贺。他强调，供销合作社作为促进农村经济社会发展的重要力量，要全面贯彻落实党中央、国务院的决策部署，依靠改革创新激发活力，围绕服务"三农"壮大实力，努力谱写发展农业、富裕农民、繁荣城乡的新篇章。国务院副总理汪洋指出，供销合作社第五次代表大会以来，全国供销合作社系统秉持为农服务宗旨，大力推进经营体制和管理机制创新，着力推动传统业务与新兴产业融合发展，加快构建农村现代生产生活服务网络，为建设现代农业、繁荣农村经济、促进农民增收作出了重要贡献。在农业发展方式加快转变、农村生活需求加快升级的新阶段，供销合作社要以提高为农服务成效为主线，创新服务方式、拓展服务领域，强化与农民组织上、经济上、服务上的联结，努力成为服务农民生产生活的生力军和综合平台。要利用产业类别齐全、经营主体众多等优势，推进经营体系再造和经营机

第七部分　学习习近平总书记作出的重要指示精神

制创新，推动不同产业、不同经营主体融合对接，提高供销社市场竞争能力和自身实力。中央有关部门和地方各级政府要加强指导、加大扶持，为加快供销合作社改革发展创造良好环境条件。

2018年1月12日，时任中共中央政治局常委、国务院副总理汪洋在京主持召开供销合作社改革发展座谈会。他强调，供销合作社是服务农民生产生活的生力军和综合平台，是促进农村经济社会发展的重要力量。要结合学习党的十八大以来习近平总书记关于供销合作社改革发展的系列重要讲话，认真贯彻党的十九大精神，以习近平新时代中国特色社会主义思想为指导，不忘为农服务初心，牢记为农服务使命，积极适应新时代农业农村发展需要，加快创新体制机制，不断壮大自身实力，为促进乡村全面振兴作出新的更大贡献。汪洋充分肯定近年来供销合作事业发展取得的显著成效。他强调，供销合作社要充分发挥组织体系比较完整、经营网络比较健全的优势，加快打造与农民联结更紧密、为农服务功能更完备、市场化运行更高效的合作经营组织体系，积极运用现代流通方式和信息技术改造提升传统经营网络，服务乡村振兴，并在乡村振兴中不断发展壮大。

2020年9月，习近平总书记再次对供销合作社工作作出重要指示，他指出，供销合作社是党领导下的为农服务的综合性合作经济组织，有着悠久的历史、光荣的传统，是推动我国农业农村发展的一支重要力量。近年来，全国供销合作社系统深化综合改革，在促进现代农业建设、农民增收致富、城乡融合发展等方面做了大量工作。习近平总书记强调，各级党委和政府要围绕加快推进农业农村现代化、巩固党在农村执政基础，继续办好供销合作社。供销合作社要坚持从"三农"工作大局出发，牢记为农服务根本宗旨，持续深化综合改革，完善体制机制，拓展服务领域，加快成为服务农民生产生活的综合平台，成为党和政府密切联系农民群众的桥梁纽带，努力为推进乡村振兴贡献力量，开创我国供销合作事业新局面。李克强总理也作出批示指出，供销合作社是国家推进"三农"工作、直接为农服务的重要载体。近年来，供销合作社全面深化综合改革，持续提升为农服务能力，为农业农村发展、农民增收、脱贫攻坚等作出了积极贡献。供销合作社要坚持以习近平新时代中国特色社会主义思想为指导，认真贯彻党中央、国务院决策部署，始终践行为农服务宗旨，持续推进改革创新，不断提高为"三农"服务的综合能力，进一步抓好促进和带动农业社会化服务、农村现代流通、农民专业合作等重点工作，优化重要农资和农副产品供应服务，为农民增收致富、乡村振兴和农业农村现代化作出新贡献。

在 2020 年 9 月 24 日召开的中华全国供销合作总社第七次代表大会上，传达学习了习近平重要指示和李克强批示。中共中央政治局委员、国务院副总理胡春华出席会议并讲话。他强调，全面实施乡村振兴战略、加快推进农业农村现代化，对供销合作社的发展提出了新的更高要求、开辟了更为广阔的空间。要坚持和加强党的全面领导，牢牢把握为农服务宗旨，加强为农服务体系建设，扎实有力深化综合改革，发挥优势加快发展壮大，全面加强自身建设，为加快推进农业农村现代化作出供销合作社的新贡献。

二、习近平总书记对供销合作社的相关批示的解读

党的十八大以来，习近平总书记多次视察了解供销合作社经营服务情况，听取供销合作社工作汇报，就发挥供销合作社在新时代"三农"工作中的独特优势与重要作用，作出了一系列重要论述，为在新的历史条件下继续办好供销合作社指明了方向、提供了遵循。这些重要论述是习近平总书记"三农"思想的重要组成部分。认真学习、深刻理解其丰富内涵、核心要义，对于探索公有制在农村的有效实现形式、完善中国特色社会主义农业经济体系和合作经营组织体系，实现乡村振兴战略目标，具有重要意义。

(一)牢牢把握习近平总书记关于供销合作改革发展重要论述的核心要义

中国共产党将农业农村农民问题作为中国革命、建设、改革的根本性问题。解决农业农村农民问题，中国共产党经过了百年的艰辛探索，从生产关系角度看，主要是两条：一是解决农民土地问题。解放前在根据地、解放区，新中国成立以后在全国进行土地改革，实行土地农有、平分土地等政策和办法，做到"耕者有其田"，极大调动了农民的革命和生产积极性，为中国革命胜利和经济发展奠定了基础。改革开放后，中国改革是从农村开始的，实行家庭联产承包为主的责任制，将土地承包经营权赋予农民，短短几年就解决了农民温饱问题。二是解决农民分散问题。中国"大国小农"的特征非常鲜明，千百年来农民生产极其分散。中国共产党无论是在革命战争、社会主义建设，还是改革开放时期，都

第七部分 学习习近平总书记作出的重要指示精神

将发展农民合作社作为组织农民的重要方法和路径。在中央苏区、在延安，我党鼓励支持农民成立生产、贩运、消费、信用等合作社。新中国成立后，党和政府把发展合作社作为促进农村经济发展、解决农民问题的重要方面，大力引导、支持和推动。20世纪50年代上半期开展合作化运动，在农村普遍地建立了生产合作、信用合作和供销合作组织。在这个过程中虽然出现了一些要求过急、工作过粗、形式过于简单划一等缺点，但出发点本身是为了组织农民进行生产，提高农业劳动生产率。改革开放以后，针对农民分散经营，提出了要发展专业合作、社区性综合性合作，构建统分结合的双层经营体制。合作社成为小生产走向大市场的桥梁，成为农民自我服务、自我发展的载体。习近平总书记长期深入研究思考农业农村农民问题，坚持传承和发展我党"三农"理论。他对发挥合作经济的作用，为农民生产生活提供服务、提高农民组织化程度给予一贯高度重视。在担任梁家河大队党支部书记期间，先后兴办铁业社、代销店、缝纫社、磨坊等，发展手工合作、供销合作，解决农业生产生活中遇到的困难和问题；在正定县工作期间，针对农村服务流通体系落后的问题，他强调"要搞好供销合作社体制改革，真正办成农民集体所有的合作商业，成为农村经济的综合服务中心"；在福建工作时期提出，要把供销合作社体制改革放在深化农村改革的全局位置上统筹考虑，真正办成农民集体所有制的合作商业，以发挥其在商品流通中的特有作用。在浙江工作时，提出了农民专业合作、供销合作、信用合作"三位一体"的构想，都很好地体现了习近平总书记对合作经济发展的重视。

党的十八大以来，习近平总书记始终把推进供销合作社改革发展挂在心上，多次调研了解情况，作出很多重要论述和重要指示，为新时代供销合作社事业发展提供了科学指导、根本遵循和行动指南。习近平总书记在地方工作时对供销合作社的关怀和亲身实践，以及党的十八大以来的对供销合作社的视察调研、作出重要指示批示，增强了各地做好供销合作社工作的理论自信、道路自信、制度自信和事业自信，广大干部职工受到了巨大的激励和鞭策。习近平总书记高度重视农民合作社在完善基本经营制度、构建新型农业经营体系中的地位和作用。2013年年初，他在参加全国人大江苏代表团审议时与江苏省代表亲切交谈，分析以家庭承包为基础、统分结合的双层经营体制，指出"'统'怎么适应市场经济、规模经济，始终没有得到很好的解决"。他说："农村合作社就是新时期推动现代农业发展、适应市场经济和规模经济的一种组织形式。"在2013

年中央农村工作会议上,习近平总书记指出,"我国千家万户的小规模农业生产,光靠看是看不准的,要把农民组织起来,通过供销合作社、农民专业合作社、龙头企业等新的经营组织形式和农业社会化服务,再加上政策引导,把一家一户的生产纳入标准化轨道"。此后又多次指出,农业合作社是发展方向,有助于农业现代化路子走得稳、步子迈得开。他站在农业农村现代化高度,提出了"实现小农户和现代农业有机衔接"重大理论和实践问题,注重发挥新型农业经营主体带动作用,培育各类专业化市场化服务组织,提升小农生产经营组织化程度,把小农生产引入现代农业发展轨道。由此可见,无论在新型经营主体还是专业化市场化服务组织,都包括供销合作社在内的各类农业、农村、农民合作社,都应发挥作用,把农民组织起来走向农业农村现代化。把供销合作社工作放在"三农"工作全局来谋划。供销合作社是为农服务的合作经济组织,是党和政府做好"三农"工作的重要载体。中共中央、国务院《关于深化供销合作社综合改革的决定》指出,要站在加快推进中国特色农业现代化、巩固党在农村执政基础的战略高度,树立重视供销合作社就是重视农业、扶持供销合作就是扶持农民的理念,加快推进供销合作社综合改革,继续办好供销合作社。各级党委、政府要落实领导责任,把深化供销合作社综合改革纳入全面深化改革大局统筹谋划、协调推进。回顾供销合作社60多年来在曲折中前行、在跌宕中崛起的发展历史,令人惊叹。供销合作社经历农业经营体制变革的挑战,乡镇企业和集体商业改革的洗礼,股金风波的冲击,组织体系和机构的调整变化,至今仍保有相对完整的经营服务网络,并不断完善、提升。这说明它根植于"三农",在服务农业农村农民发展上,发挥了重要作用,党和政府信赖、农民群众需要。习近平总书记要求,各级党委、政府要关心和支持供销合作社改革发展,继续办好供销合作社,发挥独特优势和重要作用。供销合作社要坚持为农服务方向。习近平总书记强调:"供销合作社是为农服务的生力军,要积极创新体系和服务机制,在建设现代农业中发挥作用。""推进供销合作社综合改革,按照为农服务宗旨和政事分开、社企分开方向,把供销合作社打造成同农民利益联结更紧密、为农服务功能更完备、市场运作更有效的合作经营组织体系。"

供销合作社发源于共产党开展革命运动时,带领工人农民学生建立的消费合作社。1928年,中共江浙区委特派员沈毅在泰兴刁家网组织醒农合作社,是我党领导下的江苏最早的合作社,创办的宗旨就是维护劳苦大众的利益。供销

第七部分　学习习近平总书记作出的重要指示精神

合作社经过几十年经历,具有强大的生命力,它的"根"和"魂"在于为农服务、农为社本。习近平总书记阐明了供销合作社改革的出发点和落脚点,供销合作社改革发展必须奔着农民的服务需求而去,坚守为农服务初心、牢记为农服务使命。供销合作社要努力成为服务农民生产生活的生力军和综合平台。习近平总书记始终把供销合作社看成一个能够提供综合性服务的组织,在正定县工作时就要求将供销合作社办成农村经济的综合服务中心。新形势下,加强农业、服务农民,迫切需要打造中国特色为农服务的综合性合作组织。习近平总书记多次强调,供销合作社要全面深化改革,加快建成适应社会主义市场经济需要,适应城乡发展一体化需要,适应中国特色农业现代化需要的组织体系和服务机制,努力成为服务农民生产生活的生力军和综合平台。一度时期,供销合作社仅仅局限于供销、流通的单一服务,路走不宽。习近平总书记的指示要求在更高水平、更广范围给供销合作社的发展定了位,提供了广阔的舞台和平台。打造"三个更"合作经营组织体系。供销合作社是为农服务的合作经济组织,合作经济是其基本属性。《宪法》规定,生产合作、供销合作、消费合作、信用合作是劳动群众的集体所有制经济。这可以说明,第一,供销合作社是集体所有制经济,而不是国有经济,也不是私营个体经济。第二,供销合作社是合作组织,而不是企业组织。习近平总书记在小岗村的农村改革座谈会上指出,要把供销合作社打造成同农民利益联结更紧密、为农服务功能更完备、市场运作更有效的合作经营组织体系。这"三个更"要求,从本质上为供销合作社定了性、定了向。这是供销合作社立根固本、再铸辉煌的关键和"命脉"所在。认真学习贯彻习近平总书记关于供销合作社的重要论述,必须以习近平新时代中国特色社会主义思想为指导,始终坚持以人民为中心的发展思想和为农、务农、姓农的根本宗旨,在经营服务中为农民着想,为农民办事,为农民谋利;必须深刻理解合作社是发展方向,是乡村振兴中组织振兴的重要方面,供销合作社是公有制在农村的重要实现形式,是中国特色社会主义在农业经济体系的重要组成部分,毫不动摇地办好供销合作社,发挥其规模优势和系统优势;必须牢牢把握社会主义市场经济的改革方向,积极运用现代流通技术改造提升传统经营网络,改革社有企业体制机制,培育壮大社有企业,提高市场竞争力,用发展活力、经济实力、服务能力来保障在乡村振兴中发挥更大作用;必须不断强化合作经济组织基本属性,提高联合社、基层社和农民专业合作社发展质量,密切与农民的利益联结,筑牢根基。

党的十八大以来,党和国家事业取得历史性成就,供销合作事业也得到了快速发展。供销合作社系统认真贯彻习近平总书记重要论述,锐意进取,奋力拼搏,改革发展取得明显成效,由过去单一流通服务进一步向综合服务延伸,由过去单一实体营销进一步向线上线下融合发展,由过去与农民买卖关系、服务被服务关系进一步向与农民结成利益共同体转变,整体面貌焕然一新。党的十九大把解决好"三农"问题摆到"重中之重"的位置,明确提出实施乡村振兴战略,实现农业农村现代化。供销合作社作为推动"三农"发展的一支重要力量,在实施乡村振兴战略中肩负重要使命。各级供销合作社要深刻感悟习近平总书记对供销合作社的关怀,认真学习习近平总书记关于供销合作社改革发展的一系列重要论述,以时不我待、只争朝夕的精神投入工作,高质量推进改革发展,在促进城乡融合、共同富裕、质量兴农、促进乡村绿色发展、促进乡村文化兴盛、乡村善治、精准扶贫中发挥更大作用,推动农业全面升级、农村全面进步、农民全面发展。助力提高农业劳动生产率和农产品流通效率。这是农业供给侧结构性改革最突出的任务,也是当前现代农业建设重要方向。农业劳动生产率是衡量农业现代化水平的核心指标。供销合作社要利用已有的经营服务网络和阵地加快推进以土地托管为重点的农业社会化服务,依托社有企业、基层社和服务类专业合作社,构建综合性、规模化、可持续为农服务体系,在更高层次、更大范围,形成统分结合的双层经营体制,促进农业适度规模经营,提高劳均农业增加值,也就是农业劳动生产率。提高农产品供给体系质量,除了要确保生产出高质量的农产品,还要销得快、销得好。为此要完善实体网络和信息网络,针对覆盖乡村的5万多个连锁终端和1.6万多个农村综合服务社,深入实施农村流通网络信息化改造,加快发展农村电子商务,打造"网上供销合作社",推动品牌化、规模化,提高流通效率。大力发展农业生产性服务业,致力成为新型农业服务主体。农业生产性服务业,是农村产业融合发展的典型业态。为新型经营主体和小农户提供农机作业、统防统治、集中育秧、配方施肥、粮食烘干、加工贮存等生产性服务,农村需求大,空间广阔。据统计,2017年江苏省农林牧渔服务业增加值为269.4亿元,占农业增加值的比例为6.2%,不到美国等发达国家的一半,供销合作社系统大有用武之地。供销合作社要致力成为新型农业服务主体,与新型农业经营主体、新型职业农民相得益彰,协同解决好"谁来种地"、小农户和现代农业发展有机衔接问题。当前,已经有越来越多的社有企业成了农业综合服务商,越来越多的基层社和专业合作社开展了农业社会化服务,要向服务的深度广度进军,由主要面向粮食作物向林牧渔业延伸,由生产环节向加工流通环节延伸,由生产生活服务向生态服务延伸,由经营性服务向公益性服务延伸,真正成为为农服务的生力军、主力军。领办创办专业性合作社和综合性合作社。世界上所有的农民合作社都可以归结为两类:一类是围绕产品、产业和服务组成的专业性合作社,一类是具有区域性特点的综合性合作社,开展生产、供销、消费、信用等多项合作,提供生产、流通、金融、教育、社会保障等多项服务。供销合作社系统要继续领办创办农民专业合作社及其联合社,同时要瞄准"三农"需求和时代要求,将部分实力较强的基层社建设成为"三位一体""多位一体"以农民为主体的综合性合作社,广泛吸纳更多的农民、新型农业经营主体和村级集体经济组织入社,健全按交易额返利和按股分红相结合的分配制度,使之成为一个与农民利益联结十分紧密的综合性合作组织。全面构建双线运行机制。按照政事、社企分开的方向,加快健全完善以联合社为主导的行业指导体系和以社有企业为支撑的经营服务体系,形成上下贯通、整体协调的运行机制。江苏省有13个市联合社、81个县联合社、1145个基层社、1600多个法人企业,领办创办专业合作社有8800多个。现在"联合社不联合、合作社不合作"的问题还有待进一步破解。省级层面组建苏合投资运行集团公司和供销产业发展基金,在很大程度上起到了上下贯通,整体运转协调的作用。

(二)深入领会习近平总书记关于继续办好合作社重要论述的核心要义

2020年10月5日,广东省委常委会召开会议,传达学习习近平总书记对供销合作社工作作出的重要指示精神和中华全国供销合作总社第七次代表大会精神,研究广东省贯彻落实意见。省委书记李希主持会议。会议强调,要认真学习贯彻习近平总书记重要指示精神,切实增强继续办好供销合作社的责任感,加快把全省供销合作社打造成服务农民生产生活的综合平台、党和政府密切联系农民群众的桥梁纽带。一要深刻认识继续办好供销合作社的重要意义,全面落实党中央决策部署,按照中华全国供销合作总社第七次代表大会工作要求,充分发挥供销合作社作用,为实施乡村振兴战略贡献力量。二要主动服务"三农"工作大局,不断开创全省供销合作事业新局面。持续深化综合改革,持续优化提升农资农技、农产品流通、农村合作金融等服务,巩固发展农村合作组织，进一步把广大小农户引入现代农业产业体系、生产体系、经营体系，切实增强服务"三农"综合实力。三要加强组织领导，为供销合作事业发展创造有利条件。全省各级党委、政府要把供销合作社工作作为"三农"工作和实施乡村振兴战略的重要内容和重要抓手，省有关部门要加快研究出台支持供销合作社各项政策措施，供销合作社要切实加强党的领导和党的建设，落实全面从严治党要求，确保高质量完成中央部署的各项改革任务。

继续办好供销合作社，是以习近平同志为核心的党中央对供销合作社工作一以贯之的使命要求。继续办好供销合作社事关我国实现农业农村现代化。农业农村现代化是实施乡村振兴战略的总目标，也是全面建设社会主义现代化强国的重要标志之一。当前，我国农业农村发展正在发生历史性的变革，到2020年年底如期打赢脱贫攻坚战，全面建成小康社会后，2021年我国将进入全面实施乡村振兴战略，加快推进农业农村现代化的新阶段。供销合作社是党领导下的为农服务的综合性合作经济组织，是推动我国农业农村发展的一支重要力量。面对农业农村发展新形势新要求，继续办好供销合作社就是要进一步建设好、发展好供销合作社，就是要发挥好供销合作社独特优势和作用，努力为"三农"工作大局作贡献。这是供销合作社履行职能责任的必然要求，也是供销合作社践行"为农、务农、姓农"宗旨的客观需要，必将有利于开创我国供销合作事业新局面，不断为推进我国农业农村现代化贡献供销力量。

继续办好供销合作社事关巩固党在农村执政基础。供销合作社自诞生之日起，就是我们党组织群众、动员群众、服务群众的重要抓手，就是巩固工农联盟的重要力量，就是我们党密切联系农民群众的桥梁纽带，在促进农业农村发展、保障商品供给、服务城乡群众方面作出了重要贡献，为巩固农村执政基础发挥了重要作用。回顾新中国成立以来71年的发展历程，供销合作社始终坚守为农服务初心，始终扎根农村基层一线，始终服务广大农民群众，与他们想在一起、干在一起。可以说，供销合作社的每一项工作，都是奔着为农服务去的，都与农民生产生活息息相关，都是为了农民群众增收致富。重视供销合作社就是重视农业，支持供销合作社就是扶持农民，继续办好供销合作社就是在不断巩固我们党在农村的执政基础。

继续办好供销合作社是加快新时代供销合作事业改革发展的最大历史机遇、最大政治优势。习近平总书记强调，历史只会眷顾坚定者、奋进者、搏击者，而不会等待犹豫者、懈怠者、畏难者。站在新的历史起点上，继续办好供销合作社，必须要抢抓机遇、发挥优势、接续奋斗，在游泳中学会游泳，在搏击风浪中发展壮大。一方面，各级供销合作社要积极争取各地党委、政府的重视支持，加强与有关部门沟通协调，充分用好习近平总书记重要指示的重大政策效应，力争在"十四五"规划中承担更多职责任务，力争将供销合作社工作纳入实施乡村振兴战略和深化农业农村改革大局统筹谋划、一体部署、协同推进，切实做到既谋一域发展，又为全局争光。另一方面，要自觉提高站位，充分认识供销合作社在党和国家事业发展全局中的职能作用，进一步增强事业自信，进一步树立自立自强意识，持续深化综合改革，加快拓展服务领域，切实把新时期供销合作社建设好、发展好，努力在乡村振兴和推进农业农村现代化中作出更多贡献、发挥更大作用。"继续办好供销合作社"，是全国供销合作社系统300多万名广大干部职工的美好期盼，是亿万农民社员的共同心愿。今天的供销合作事业，从巍巍雄壮的雪域高原到沃野千里的东北平原，从广袤辽阔的天山南北到富饶繁荣的华南大地，处处孕育着蓬勃的希望。奋进新时代、迈上新征程，有习近平新时代中国特色社会主义思想科学指引，有以习近平同志为核心的党中央坚强领导，有亿万农民社员的关心支持，有全系统广大干部职工的共同奋斗，供销合作社必将会越办越好，供销合作事业明天一定会更加美好。

(三)认真将习近平经济思想贯彻落实到供销合作社工作全过程、各方面

2022年4月22日，中华全国供销合作总社党组理论学习中心组（扩大）举行2022年度第三次集体学习，专题学习贯彻习近平经济思想和中央经济工作会议精神，邀请中央财经委员会办公室副主任尹艳林作辅导报告。总社党组书记、理事会副主任韩立平主持会议并提出学习贯彻要求。总社领导班子成员参加学习。尹艳林围绕学习贯彻习近平经济思想和中央经济工作会议精神，从正确把握当前经济形势和今年经济工作的总体要求、目标任务，正确把握七大政策，正确认识和把握五大理论和实践问题等方面，作了系统解读和阐释。韩立平强调，习近平经济思想是习近平新时代中国特色社会主义思想的重要组成部分，是运用马克思主义基本原理指导我国经济发展实践形成的重大理论成果，在继承创新中开辟了马克思主义政治经济学的新境界。总社各级党组织和全体党员干部要自觉提高政治站位，深刻认识习近平经济思想的重大意义和丰富的内涵，不断提高政治判断力、政治领悟力、政治执行力，深刻认识"两个确立"的决定性意义，进一步增强"四个意识"，坚定"四个自信"，做到"两个维护"。要坚持把学习习近平经济思想作为一项重大政治任务，同学习习近平总书记关于供销合作社工作的重要指示精神结合起来，精心安排部署，贯通学习领会，切实把习近平经济思想贯彻落实到供销合作社工作全过程、各方面。韩立平要求，总社各部门、各单位要强化责任担当，心系"国之大者"，主动把为农服务各项工作放到党和国家全局中思考谋划，紧紧围绕服务保障国家粮食安全、全面推进乡村振兴等重大战略任务，全力做好农资保供、代耕代种等为农服务工作，积极发挥职能作用。要坚持稳字当头，稳中求进，密切跟踪和研判宏观经济形势，加强系统经济运行分析和指导，推动供销合作社高质量发展。要持续深化综合改革，着力在完善体制、优化职能、转变作风上下功夫，加快打造成为服务农民生产生活的综合平台，成为党和政府密切联系农民群众的桥梁纽带。要按照中央和国家机关工委有关部署要求，认真抓好"学查改"专项工作，确保取得实效，以实际行动迎接党的二十大胜利召开。

一直以来，习近平总书记对供销合作事业都高度重视，亲自谋划、亲自部署、亲自推动供销合作社改革发展，作出了一系列重要指示批示，为供销合作事业的蓬勃发展指明前进方向、提供根本遵循。在我国即将全面建成小康社会、乘势而上开启全面建设社会主义现代化国家新征程的重要时刻，中华全国供销合作总社第七次代表大会召开之际，习近平总书记又一次专门作出重要指示，擘画新时代供销合作事业新蓝图。作为供销合作社人，我们倍感振奋，深受鼓舞！习近平总书记在重要指示中指出，要开创我国供销合作事业新局面。从国际角度讲，于当今世界变局中不断开创供销合作社国际交流合作新局面是题中应有之义。"志合者，不以山海为远。"供销合作社在对外交往中始终秉持开放、包容、合作、共赢的精神，加强与各国合作社的交流互鉴，深化务实合作，促进相互信任，实现共同发展。近年来，深入贯彻落实习近平外交思想，紧紧围绕共建"一带一路"，积极推动构建"合作社"命运共同体。围绕总社工作大局和综合改革任务，充分发挥合作社在对外交往中的独特优势，主动谋划，努力进取，以合作社高层次对外交往为引领，全面推动多层次、宽领域的务实合作，致力于构建真诚互信、密切协作、互学互鉴、合作共赢的合作社国际交往格局。充分发挥合作社民间外交的独特优势，广交新朋，不忘老友，不断扩大合作社"朋友

第七部分　学习习近平总书记作出的重要指示精神

圈"。既承办过多次联合国、国际劳工组织和国际合作社联盟的高层次国际会议，又面向各国基层合作社组织开展常态化援助培训；既注重推动经贸投资领域的务实合作，又鼓励合作社青年、妇女开展多边交流互鉴，做了大量富有成效的工作，得到多国特别是发展中国家合作社的认可和赞誉。在国际合作社联盟广大会员的支持下，总社有关领导连续二十多年担任联盟副主席、亚太地区主席，为服务国家总体外交、助力民间交往合作不断作出贡献。当今世界正经历百年未有之大变局，新冠肺炎疫情全球大流行使这个大变局加速变化。我国正处于实现中华民族伟大复兴的关键时期，经济已由高速增长阶段转向高质量发展阶段，正在形成以国内大循环为主体、国内国际双循环相互促进的新发展格局，这也为供销合作社国际交流合作带来了前所未有的机遇和挑战。如何做到胸怀两个大局，正确把握研判形势，于变局中开新局，是摆在我们面前的一个重要课题。察势者智，驭势者赢。首先，从世界范围看，合作社对各国经济发展发挥着重要作用，合作经济已经深深植入人们生产生活的诸多领域和环节。更为重要的是，合作社的思想和原则能够为文化、制度各异的世界各国所接受，使世界各国合作经济组织拥有共情相通之处，即使疫情肆虐也无法阻隔。这是巩固发展与国外合作社友好合作关系的重要基础。其次，要充分认识到经济全球化仍是世界发展的主要潮流，分工合作、互利共赢仍是长期趋势，国际经济联通和交往仍是世界经济发展的客观要求。这是推动提升供销合作社国际交往合作水平的有利外部环境。最后，要清醒认识到国际交流合作还存在逆风和回头浪，不稳定性不确定性明显增强。要保持足够的定力和信心，切实把思想和行动统一到习近平总书记重要指示精神上来，全面对标对表，强化使命担当，狠抓工作落实，努力提升供销合作社国际交流合作水平。一要深入学习贯彻习近平总书记重要指示精神。提高政治站位，通过多种形式，深入学习习近平总书记重要指示精神。深刻学习领会对供销合作社性质定位的科学阐释，深刻学习领会供销合作社在农业农村发展中的地位作用，深刻学习领会对新时期供销合作社改革发展的明确要求。二要不断创新疫情常态化背景下的国际交往合作模式。在疫情防控常态化背景下，要加强分析研判，注重创新交往方式，充分利用网络视频、云会议等方式开展对外交流，有效保障总社在国际合作社联盟正常履职，行使权力等对外工作需要，进一步增强在联盟中的话语权与影响力。三要持续推动合作社参与共建"一带一路"和构建人类命运共同体。在疫情防控的特殊时期,更要秉持"讲情重义、先义后利"的理念,敢于在国际合作社运动中承担更多责任和义务,为国际合作社抗"疫"积极贡献力量。用合作社语言讲好中国供销合作社在脱贫攻坚、抗击疫情中的故事,不断拓展"一带一路"合作社"朋友圈",为构建人类命运共同体发挥合作社的建设性作用。四要加固提升国际交往合作的桥梁纽带。积极推动系统企业和国际市场更好联通,帮助系统企业利用好国际国内两个市场、两种资源,在农副产品、农资农机、跨境电商、合作金融等领域继续深化国际经贸合作。五要继续做好供销合作事业的参谋助手。在合作经济发展中,世界各国合作社积累了丰富的成功经验和模式,值得思考和借鉴。要借他山之石,琢己身之玉,继续加强对全球合作社发展模式研究总结和吸收转化,为供销合作事业的发展提供国际参考,开阔国际视野。

三、习近平总书记对供销合作社的相关批示的实践

党的十八大以来,党中央、国务院高度重视供销合作社工作。习近平总书记强调指出,在新的历史条件下,要继续办好供销合作社。2015年3月,中共中央、国务院印发《关于深化供销合作社综合改革的决定》,对深化供销合作社综合改革做出全面部署。全国供销合作社系统深入学习贯彻习近平总书记系列重要讲话精神,认真贯彻落实党中央、国务院决策部署,扎实推进综合改革,服务能力、发展活力、经济实力明显提升,在推进中国特色农业现代化建设中发挥了积极作用。

深化供销合作社综合改革是党中央、国务院着眼"三农"工作全局做出的决策部署。当前,我国农业农村发展进入新阶段,在人多地少、农民众多、经营分散的基本国情农情下,推进农业供给侧结构性改革,走中国特色新型农业现代化道路,迫切需要在坚持和完善农村基本经营制度的基础上,发展多种形式的适度规模经营;迫切需要构建以农户家庭经营为基础、合作与联合为纽带、社会化服务为支撑的立体式复合型现代农业经营体系;迫切需要打造具有中国特色的为农服务综合性组织。

供销合作社是为农服务的合作经济组织,是党和政府做好"三农"工作的重要载体。在长期为农服务实践中,供销合作社形成了比较完整的组织体系和经营服务网络,熟悉农村,了解农民,但也存在着与农民利益关系不够紧密,综

第七部分 学习习近平总书记作出的重要指示精神

合服务实力不强,层级联系比较松散,行政化色彩比较浓,体制没有完全理顺等问题。这些问题,躲不开,绕不过,必须通过深化综合改革加以解决。

党中央、国务院做出深化供销合作社综合改革的决策部署,就是要在新时期发挥供销合作社的独特优势和重要作用,把供销合作社打造成党和政府抓得住、用得上的为农服务骨干力量,成为密切联系农民群众的桥梁纽带,在发展现代农业、促进农民致富、繁荣城乡经济中担当起更大责任。

坚持为农、务农、姓农,供销合作社综合改革取得阶段性成效。2014年4月国务院批复河北、浙江、山东、广东4省开展供销合作社综合改革试点以来,全国供销合作社系统坚持为农、务农、姓农根本方向,坚持因地制宜、以点带面、试点先行,坚持用改革的办法破解难题,推动综合改革取得了初步成效。

推进以土地托管为主要形式的农业社会化服务,促进农业适度规模经营。现在农村青壮年劳动力大多外出打工,留下来的主要是妇女老人儿童,解决好"谁来种地"的问题已十分迫切。山东省供销社提出"农民外出打工、供销社给农民打工",在全省建成1012处乡镇为农服务中心,为农户和新型经营主体提供农业生产全程托管或半托管服务,服务内容涵盖代耕代种、统防统治、烘干收储、加工销售等各环节。托管后,平均每亩节支增收200元以上,既提高了土地收成,又避免了"非农化""非粮化"问题,农民打工、种地两不误,很受各地欢迎。目前,山东省供销社土地托管面积2107万亩,占全省耕地面积的1/5,全国供销合作社系统土地托管服务面积1亿亩。

夯实为农服务基础,构建与农民的利益联结机制。基层供销社薄弱是供销合作社系统的一个突出问题,也是综合改革的重点和难点。各地供销合作社以密切与农民利益联结为核心,采取政策引导、联合社帮扶、社有企业带动等方式,因地制宜推进基层供销社改造,吸纳农民入股入社,建立利益共享机制。河北省依托供销合作社在11个地级市、147个县、1268个乡镇组建农民合作社联合社,农民社员占70%,初步实现了农民出资、农民参与、农民受益。

顺应"互联网+现代流通"新趋势,提升现代流通服务水平。流通是供销合作社的老本行。各地供销合作社大力发展连锁经营、物流配送、电子商务等新业态新模式,加快传统经营网络改造升级,提升了供销合作社流通现代化水平。总社组建"供销e家"全国电商平台,20多个省级供销社建立省级平台,聚焦农产品和农村电子商务,推进线上线下融合发展,促进"网货下乡进村、农货上网进城"。上年,全系统电子商务和在线商品交易额达6000亿元,同时农资、棉花、再生资源等传统业务仍占全社会一半以上市场份额。

发展生产、供销、信用"三位一体"综合合作,搭建农村综合服务平台。发展农村综合合作,是推进农业现代化的重要途径。浙江在省、市、县、乡4级组建农民合作经济组织联合会,构建"三位一体"组织架构,把供销合作社的流通优势、农民合作社的生产优势、农村信用社的资金优势,以及农业科技推广机构的技术优势等,进行有效整合,实现了大组织大平台与小组织小农户的有机结合,办成了以前各家无法单独办成的事。上年,首批开展"三位一体"试点的27个县,农民收入增速均高于全省平均水平。

推动各层级供销合作社上下贯通,发挥系统整体优势。"联合社不联合",是供销合作社的老问题。各地供销合作社运用市场机制,以企业为载体,以产权为纽带,通过兼并重组、联合投资、连锁加盟、业务合作等形式,大力推进跨层级纵向整合。广东省供销社在农资、粮油、日用品等板块,组建省级龙头骨干企业,与20多个市、县供销社实现产权和业务对接,初步建起全省供销"一张网"。中国供销集团运用股权方式,在现代农业、电子商务、农产品市场等领域,与各地共同投资250多个大中型项目,打破了层级分割,整合了系统资源,形成了为农服务整体合力。

经过3年的改革,全系统呈现出一系列新变化:一是为农服务能力明显增强,农业生产服务延伸到耕、种、管、收、售各环节,农村社区综合服务覆盖65%的行政村,为建成服务农民生产生活的生力军和综合平台,搭建了框架。二是基层基础进一步夯实,基层供销社数量接近历史最高水平,质量明显提高,县级及县以下的销售占全系统的比重提升到72.2%,初步扭转了基层长期薄弱的局面。三是综合实力较快提升,2016年全系统实现销售总额4.78万亿元,利润407.7亿元,比改革前的2013年分别增长49%和31%。2022年一季度,全系统销售总额和利润同比分别增长14.3%和20%。四是社会形象得到改善,供销合作社社会影响力明显提高,干部职工增强了信心、找回了自信,农民群众感到"供销社又回来了"。

适应农业供给侧结构性改革新形势,加快打造服务农民生产生活的生力军和综合平台推进农业供给侧结构性改革是当前和今后一个时期我国农业农村工作的主线,对供销合作社提出了新的更高要求。全国供销合作社系统要按照习

第七部分　学习习近平总书记作出的重要指示精神

近平总书记在安徽小岗村农村改革座谈会上的指示要求,以农业供给侧结构性改革为引领,全面深化供销合作社综合改革,打造同农民利益联结更紧密、为农服务功能更完备、市场运作更有效的合作经营组织体系。

狠抓基层基础,建立同农民利益联结更紧密的组织体系。推动农业供给侧结构性改革,要加快培育农业服务组织。基层供销社、农民合作社、综合服务社等,既是供销合作社为农服务的主要载体,也是推进农业供给侧结构性改革的有生力量。要扩大基层组织覆盖面,通过劳动合作、资本合作、土地合作等多种途径,广泛吸纳农民和各类新型农业经营主体入社,完善利益共享机制,逐步办成规范的以农民社员为主体的合作社。总结推广浙江生产、供销、信用"三位一体"综合合作的经验做法,加快打造合作经济升级版和为农服务大平台。到2020年,基层供销社力争覆盖全国95%以上的乡镇,农村综合服务社和城乡社区服务中心力争覆盖全国80%以上的行政村。

提升服务层次,打造为农服务功能更完备的综合平台。供销合作社推进农业供给侧结构性改革,主攻方向是优化和创新服务供给。要围绕推进适度规模经营,加大土地托管服务推广力度,为农户提供耕、种、管、收、加、销全过程服务。立足当地农业资源禀赋,开展合作式、托管式、订单式等多种形式社会化服务,满足不同地区不同品种的农业生产服务需求。准确把握家庭农场、专业大户、农民合作社等规模经营主体的实际需要,不断创新服务方式,有针对性地提供个性化、定制化服务。充分发挥供销合作社产业类别和经营主体众多的优势,积极发展农村新产业新业态,促进农村第一、二、三产业融合发展,让农民更多分享产业链增值收益。

推进自身改革,形成市场运作更有效的体制机制。推进农业供给侧结构性改革,要求供销合作社创新治理机制,增强发展活力和内生动力。要按照政事分开、社企分开的方向,进一步厘清行政管理、行业指导、经济发展三方面职能边界,完善联合社机关主导的行业指导体系和社有企业支撑的经营服务体系,形成社企分开、上下贯通、整体协调运转的双线运行机制。进一步理顺社企关系,联合社机关要落实好为农服务职责,社有企业要加快完善现代企业制度,在农资、棉花、粮油等行业培育一批大型企业集团,提高供销合作社的市场竞争力。推进各层级供销合作社之间的上下贯通,通过产权和业务合作等方式,形成全国"一盘棋",增强整体为农服务实力。

参考文献

[1]中国供销合作网,http://www.chinacoop.gov.cn/.

[2]中华合作时报,http://www.zh-hz.com/.

[3]肖忠意.供销合作社释放经济效应赋能乡村振兴[J].重庆行政,2022,23(2):27—29.

[4]唐丽桂."三社融合"构建全产业链服务体系——供销合作社再创乡村振兴新路子[J].重庆行政,2022,23(2):30—32.

[5]陈瑞旭,裴文霞.基层供销合作社促进乡村振兴的路径选择[J].福建农林大学学报(哲学社会科学版),2022,25(2):26—35.DOI:10.13322/j.cnki.fjsk.2022.02.004.

[6]李哲天.谈如何在乡村振兴中发挥村级供销社的独特作用[J].中国集体经济,2022(4):5—6.

[7]谢畅.在推进乡村振兴中发挥好供销社的作用[J].中国合作经济,2022(1):69—72.

[8]王群,张永亮.有效发挥基层社院在统战智库建设中的功能[J].湖南省社会主义学院学报,2017,18(2):88—91.

[9]新时期基层社建设的探索与实践——浙江省余姚市基层社建设情况的调查与思考[J].中国合作经济,2016(12):45—49.

[10]依托合作社恢复基层社建设 抓好服务联手惠农——关于山西省和顺青城镇新瑞农产品加工专业合作社服务"三农"的调查[J].中国合作经济,2016(5):28—32.

[11]一体化经营 一站式服务 吹响综合服务的号角——浙江省供销合作社系统基层社经营服务综合体建设经验介绍[J].中国合作经济,2013(7):19—31.

[12]江苏省供销合作社.推进基层社"三位一体"建设——夯实供销合作事业发展组织基础和物质基础[J].中国合作经济,2012(1):24—25.

[13]张美芳.滨州市农机合作社开展土地托管,推进适度规模化经营情况调研报告[J].农业开发与装备,2022(1):34—36.

[14]丁晟宇.农村土地承包经营权托管的法律规制研究[J].法制与社会,2021(22):53—54.

[15]豆书龙,张明皓.供销部门土地托管何以遭遇困境?——以山东省共享县为例[J].中国农村经济,2021(1):125—143.

[16]张鹏飞,张冬平.改革开放以来中国土地托管政策演变[J].农业展望,2018,14(12):34—40+53.

[17]何志明,罗小莹.供销社授牌制下土地托管运营实践研究[J].轻工科技,2018,34(11):119—120.

[18]刘正再,周静忠.明晰权属还要各尽其责——湖南省浏阳市供销合作社社有资产监督管理体系规范建设经验梳理[J].中国合作经济,2022(Z1):40—42.

[19]吴燕,张英.供销合作社社有企业资产监督管理研究[J].会计师,2022(1):46—48.

[20]邵峰.大力推进新时代社有经济高质量发展——浙江省供销合作社系统推进社有经济高质量发展研究[J].中国合作经济,2021(Z2):80—86.

[21]沙彩云,王传雄.建立和完善社有资产监管体制的思考[J].理论与当代,2021(6):51—53.

[22]金莎莎.供销社集体资产与国有资产监管比较研究[J].农村经济与科技,2021,32(16):105—107.

[23]赵明.充分发挥监事会作用——推动供销合作事业高质量发展[J].中国合作经济,2021(Z1):53—54.

[24]刘银国,方春龙.省级社有资产管理功能定位与管理运行[J].中国合作经济,2021(Z1):64—65.

[25]童日晖,夏晓峰,戴菁等.浙江省供销合作社系统集体资产监督管理研究[J].中国合作经济,2021(2):56—59.

[26]陈文藩.加强对供销社社有资产管理的探讨[J].旅游纵览(下半月),2012

(24):202—203.

[27]汪传舟,汪斌,褚进乡等.供销合作社社有资产监管模式研究[J].中国合作经济,2010(2):46—50.

[28]刘蔚.创新完善企业制度 提质增效强发展——关于福建省供销合作社社有企业可持续发展的调研[J].中国合作经济,2022(2):60—64.

[29]李佳.新时代供销合作社社有企业内审探索[J].中国合作经济,2021(8):55—57.

[30]中华合作时报编辑部.浙江社有经济的发展带给我们哪些启示?[N].中华合作时报,2021—08—13(A05).

[31]彭刚,鲍庆军,杨鑫.关于建立现代企业制度 强化社有企业内部管理的现状及对策的调研报告[J].财富时代,2021(5):31—33.

[32]赵锦春,包宗顺.基层组织、网络体系与供销社社有企业效率[J].现代经济探讨,2019(12):106—115.